职业教育电子商务专业系列教材

直播电商基础与实训

主　编 / 杜　慧

副主编 / 李越峰　刘奕丽

参　编 /（排名不分先后）

李梓莹　李　惠　钟文凤　王　冰

萧燕秋　汪亚飞

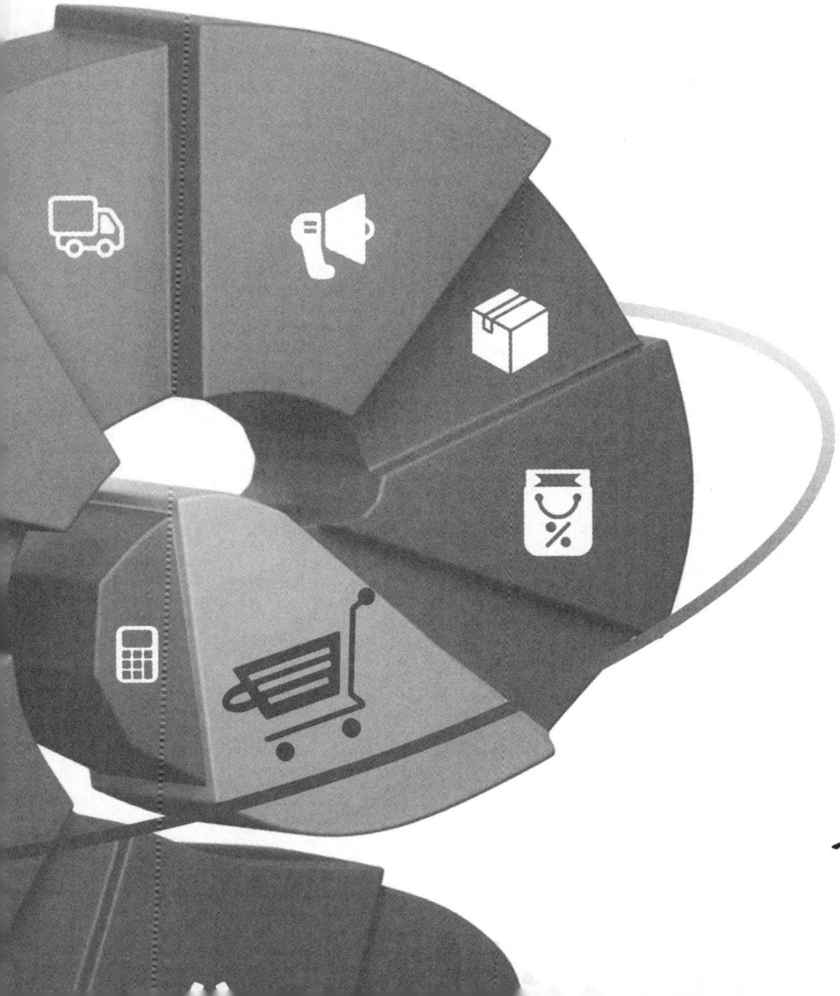

重庆大学出版社

内容提要

党的二十大报告指出，教育、科技、人才是全面建设社会主义现代化国家的基础性、战略性支撑。职业教育肩负着培养多样化人才、传承技术技能、促进就业创业的重要职责。当前直播电商已成为消费领域的新热门，作为新兴业态，直播电商迎来了“万物可播，人人可播，处处可播”的大发展。本书围绕直播电商的核心技能，采用“项目—任务—活动”的编写体例，从直播电商基础知识、主播素养、直播方案策划，到直播带货流程、直播话术、直播互动、直播脚本撰写，再到直播带货实训，全方位、多角度地介绍了直播电商人员需要掌握的各种技能，将二十大报告、直播助农、乡村振兴、数字中国、诚信经营、遵纪守法、创新创业、弘扬国货等思政教育融入相关活动中，实现育人与育能相结合，提高人才培养质量。

本书可作为职业院校中电子商务、直播电商、市场营销等商贸类相关专业的教材，也适合直播行业的从业人员、想通过直播进行营销的企业和商家、专注于直播的创业者和对直播感兴趣的读者学习。

图书在版编目（CIP）数据

直播电商基础与实训 / 杜慧主编. --重庆：重庆大学出版社，2023.8（2024.9重印）
职业教育电子商务专业系列教材
ISBN 978-7-5689-3964-5

Ⅰ.①直… Ⅱ.①杜… Ⅲ.①网络营销—职业教育—教材 Ⅳ.①F713.365.2

中国国家版本馆CIP数据核字（2023）第104336号

职业教育电子商务专业系列教材

直播电商基础与实训

ZHIBO DIANSHANG JICHU YU SHIXUN

主　编　杜　慧

副主编　李越峰　刘奕丽

策划编辑：王海琼

责任编辑：文　鹏　　版式设计：王海琼

责任校对：刘志刚　　责任印制：赵　晟

*

重庆大学出版社出版发行

出版人：陈晓阳

社址：重庆市沙坪坝区大学城西路21号

邮编：401331

电话：(023) 88617190　88617185（中小学）

传真：(023) 88617186　88617166

网址：http://www.cqup.com.cn

邮箱：fxk@cqup.com.cn（营销中心）

全国新华书店经销

重庆市国丰印务有限责任公司印刷

*

开本：787mm×1092mm　1/16　印张：13　字数：318千

2023年8月第1版　2024年9月第2次印刷

印数：3 001—6 000

ISBN 978-7-5689-3964-5　　定价：49.00元

编写人员名单

主　编　杜　慧　普宁职业技术学校

副主编　李越峰　普宁职业技术学校

　　　　刘奕丽　佛山市三水区理工学校

参　编（排名不分先后）

　　　　李梓莹　普宁职业技术学校

　　　　李　惠　湖南省浏阳高级技工学校

　　　　钟文凤　赣州经开区技工学校

　　　　王　冰　汕头市澄海职业技术学校

　　　　萧燕秋　佛山市三水区理工学校

　　　　汪亚飞　佛山市顺德区勒流职业技术学校

前　言

党的二十大报告将教育、科技、人才“三位一体”统筹安排、一体部署，明确了科教兴国战略在新时代的科学内涵和使命任务。在建设教育强国、科技强国、人才强国的过程中，教育强国是基础。当前，我国已建成世界上规模最大的教育体系，但创新型人才和高素质劳动者还很缺乏。针对高水平技能人才紧缺与职教人才培养贡献度不足的问题，作为职业教育工作者，应增强自身使命感，秉承“科教兴国”的指导思想，积极探索职业教育高质量发展途径，全面建设技能型社会。

当下，直播电商已经发展成为电商在新时代的新产业。无数个人和商家争先恐后地进入直播电商领域，各大品牌纷纷入驻直播电商平台，乘上了直播带货这辆加速行驶的“快车”。一个新兴行业的发展离不开人才，随着直播电商的爆发式增长，人才短缺的问题日益凸显。掌握直播电商技能，既有助于职业院校学生成为企业急需的专业人才，又能给学生自主创业带来更多的可能性。

一本好的教材对授课教师和学生都十分有帮助。为了能够让读者快速掌握直播电商的技能并应用到实战中，本书从直播电商基础知识、主播素养、直播方案策划，到直播带货流程、直播话术、直播互动、直播脚本撰写，再到直播带货实训，全方位、多角度地介绍了直播电商人员需要掌握的各种技能。

本书特色如下：

1. 体例新颖、结构合理

本书以学生为中心，采用“项目—任务—活动”的编写体例，以项目导向和任务驱动为轴心，将项目分解为若干任务，每一个任务根据其包含的技能点和操作步骤设计若干活动。项目基本结构包含项目综述、情境设计、课前引入、知识窗、活动实施、知识拓展、合作实训和项目检测。

2. 理实一体、工学结合

本书编写团队深入汕头市星秀传媒有限公司调研，得到来自企业的案例、岗位需求、工作项目等调研信息，使得学习内容与企业真实应用同步。内容的设计以直播电商的工作流程为主线，引入企业真实项目任务，采用“项目—任务—活动”的结构，将完整且真实的项目全过程进行任务分解，实施项目教学，活动实施坚持以学生为主体，围绕“兴趣导学、理实一体、工学结合”的设计思路，设计了“行业观察”“小试牛刀”“直通职场”“侃侃而谈”等活动实施环节。

3. 岗课赛证、强化技能

本书编写坚持以“项目教学为导向、工作任务为驱动”，以能力培养为核心，对接“1+X”直播电商职业技能等级证书的职业标准，以及省级互联网直播营销技能大赛相关职业能力要求，强化学生的实践技能，使学生在实践中掌握直播相关技能。内容设计兼顾企业和个人两者的需求，着眼于学生的全面发展和可持续发展。

4. 课程思政、育人育能

本书依据直播电商课程特点，结合乡村振兴战略规划，从多个角度挖掘其蕴含的思政教育元素，将直播助农、诚信经营、遵纪守法、创新创业、弘扬国货、正能量主播等思政教育融入相关活动中，培养他们良好的职业道德、正面积极的职业心态和从业价值观，形成育能育人合力。

具体的课程内容及课时安排见下表：

项目	理论学时	实训学时	总学时
项目 1　走近直播电商：开启直播电商新体验	4	4	8
项目 2　提升主播素养：打造优秀带货主播	4	8	12
项目 3　策划直播方案：理清直播营销思路	6	4	10
项目 4　筹备直播电商工作：实施直播电商活动的前提	6	14	20
项目 5　促单转化技巧：提升直播间营销力的关键	6	10	16
项目 6　直播带货实训：强化直播电商实践技能	0	14	14
总计	26	54	80

本书由众多经验丰富的专业教师合力编写，同时得到了汕头市星秀传媒有限公司肖剑斌先生的大力支持和帮助，在此表示衷心的感谢。本书由杜慧担任主编，负责统筹编写，构建全书框架及大纲，指导完成全部编审工作；由李越峰、刘奕丽担任副主编，协助完成审稿及配套教学资料的整合。本书的编写分工为：项目 1：汪亚飞、杜慧；项目 2：李惠；项目 3：王冰、李越峰；项目 4：钟文凤、李越峰；项目 5：萧燕秋、刘奕丽；项目 6：李梓莹。

为了方便教学，编者为本书提供了以下配套资料：每个项目配套教学设计和多媒体课件、项目检测参考答案、微课教学视频、活动实施素材、课程标准等。本书的配套资料可在重庆大学出版社的资源网站（www.cqup.com.cn）下载。

尽管在编写过程中力求准确、完善，但书中难免会有疏漏与不足之处，恳请广大读者批评指正。邮箱：275977452@qq.com。

编　者

2023 年 4 月

目录

项目1　走近直播电商：开启直播电商新体验

项目2　提升主播素养：打造优秀带货主播

项目3 策划直播方案：理清直播营销思路

项目4 筹备直播电商工作：实施直播电商活动的前提

项目5 促单转化技巧：提升直播间营销力的关键

项目6 直播带货实训：强化直播电商实践技能

参考文献

项目 1
走近直播电商：开启直播电商新体验

项目综述

直播电商的迅猛发展，为电商行业注入了新的活力，越来越多的个人和商家看到了直播行业的商机，纷纷入局，开启直播带货。直播电商可以给消费者带来更直观、生动的购物体验，具有较好的营销效果，逐渐成为电商行业新的增长动力。同时，随着5G技术的发展和直播渗透率的持续提升，直播内容日趋丰富，“万物皆可播”的时代已经来临。

党的二十大报告专门提出，要全面推进乡村振兴，坚持农业农村优先发展，加快建设农业强国。加快建设农业强国，这是党中央着眼全面建设社会主义现代化国家大局作出的重大决策部署。直播电商的发展，使更多的优质农产品被看见，更多的优质国货被体验，更多需要帮助的人被发现。将直播技能用于国货推广及助农活动，将有利于推动国货崛起及乡村振兴事业的发展。

李丽是电商专业二年级的学生，经过一年多的学习，已具备一定的专业能力，对时下火热的直播营销模式非常感兴趣。得知学校校企合作单位星秀传媒工作室目前正在招募直播电商团队，李丽希望通过自己的努力能够成为工作室的一员，她迫切需要了解直播电商的相关知识，开启直播电商的新体验。

项目目标

通过本项目的学习，应达到的具体目标如下：

知识目标

◇理解直播电商的含义和优势。
◇认识直播间的设备。
◇理解直播电商三要素——“人”“货”“场”。
◇熟悉直播电商的岗位职责与技能。
◇知道直播电商的风险及防范措施。

能力目标

◇能够根据直播需求选用合适的直播设备。
◇能够结合直播需求对“人”“货”“场”三要素进行简要分析。
◇能够根据直播需求及直播岗位能力要求组建直播团队。
◇能分辨违法、违规的直播行为。

素质目标

◇提高学生团队合作意识。

◇提升学生的职业素养及法律意识。

◇强化学生社会责任意识，培养学生正确的价值观。

项目思维导图

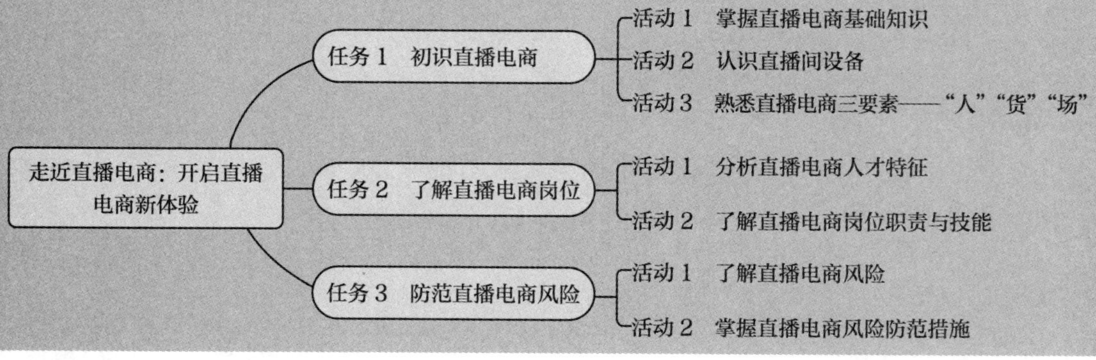

任务1
初识直播电商

情境设计

经过一年的专业学习，李丽积累了一定的电商技能，熟悉了传统电商营销工具，对新的电商直播营销模式有着浓厚的兴趣，希望能加入星秀传媒工作室实践直播技能。直播电商科任教师林老师告诉李丽不要操之过急，应该先对直播电商的基础知识进行熟悉。李丽在林老师的指导下，开始系统学习并积累直播电商知识。

任务分解

为成功加入星秀传媒工作室，李丽在林老师的指导下，需要先利用互联网搜索来掌握直播电商的一些基本知识，认识直播间的设备，熟悉直播电商三要素——“人”“货”“场”。

活动1　掌握直播电商基础知识

活动背景

李丽在林老师的指导下，开始学习直播电商的基础知识，探索直播电商的概念、优势及模式，通过课内活动巩固知识。

课前引入

根据你个人的生活经验，请分享你曾体验过或者听说过的直播活动，写在下面的横线上：

1.____

2.____

3.____

□ 知识窗

1. 直播电商的概念

直播电商，是一种新兴的电商模式，是以直播为渠道达成营销目的的一种电商形式。主播通过直播平台在直播间推销相关的商品或服务，使受众了解商品的各项性能，从而产生购买商品的交易行为，可以统称为直播电商。

直播电商以电商为基础，借助直播的形式来推荐和销售商品。直播电商可以给消费者带来更直观、生动的购物体验，能够快速提高商品销量，具有营销效果好、转化率高的特点，成为深受欢迎的商品营销手段。

友情提示：商家、主播及直播平台，依据具体行为，对假冒伪劣等商品或服务需要承担相应的法律责任甚至连带责任。

2. 直播电商的优势

直播电商之所以能够受到众多个人和商家的青睐，是因为其具备以下的优势：

（1）更实时的互动交流

直播间的互动是双向的，即时的。借助直播电商平台，主播将直播内容呈现给用户的同时，用户可以通过弹幕的形式与主播进行互动，主播可以快速解答用户的疑虑，实现与用户的实时互动交流。

（2）更真实的商品感知

主播在直播间对商品进行全方位的展示，生动的实时画面可以呈现在用户面前，不但可以将商品的设计细节更加直观地呈现给用户，还可以对商品的使用方法和技巧进行示范，大大削弱了网络的虚拟感，增强用户对商品的真实感知，从而获得用户的信任，提升消费信赖感。

（3）更有趣的购物体验

直播间的很多用户会因为主播的风格和特色而成为忠实的直播间粉丝，对信任的主播发起的抢红包、抽奖、话题互动等营销手段，都会积极参与，增加了直播间的氛围感，提升了购物的趣味性。

（4）更高效的销售服务

在直播间，主播可以同时接待的用户数量远远超过线下导购场景，能够在短时间内服务更多的潜在用户，及时解答用户的疑虑，接收用户的反馈。

（5）更精准的用户群体

大数据时代，进入直播间的用户都是对商品有需求或者感兴趣的目标用户，直播间聚集了有共同购买需求的人群，具有高度的精准性。

（6）更有效的营销效果

在直播过程中，主播可以将试吃、试玩、试用等过程直观地展示在用户面前，可以更快捷地将用户带入营销场景，从而刺激用户的购买欲望。此外，主播凭借其强大的内容营销能力，通过理念传递和消费习惯的培养，培养顾客的忠诚度，产生持续复购行为。

3. 直播电商的模式

根据直播主体的不同，直播电商可以分为商家自播和达人直播两种模式。直播电商模式对比见表 1.1.1。

（1）商家自播

商家自播是指商家使用自己的企业号或者店铺号，在自己的直播间进行的直播带货行为。主播一般为商家的内部人员，他们对商品更加熟悉，而用户多为品牌的粉丝，具备一定的忠诚度。

（2）达人直播

达人直播是指商家借助达人的粉丝和流量帮自己卖货，直播所使用的账号为达人的账号。主播为达人本人或其团队成员。商家可以在任务平台寻找合适的达人帮助自己带货，需要向达人支付服务费和佣金。

表 1.1.1　直播电商模式对比

对比项目	商家自播	达人直播
主播人选	一般为商家内部人员	达人本人或其团队成员
直播间货品	商家自有货品	对接多个商家的货品
用户群体	多为品牌或产品的粉丝	多为达人的忠实粉丝
用户购买驱动力	多是因为对产品有需求	除了产品需求之外，会因为对主播的信任受情感驱使而下单
商品更新速度	较慢	较快
直播时长	可由多人轮流，实现 24 h 直播	个人直播，时长受限
运营能力	一般有较强的电商运营能力	缺乏一定的运营经验

活动实施

行业观察　分析市场主流的直播电商平台。

以小组为单位，在淘宝直播、抖音平台各找一场家居服品类的直播，对比两场直播分别属于哪种模式的直播，完成表 1.1.2。

表 1.1.2　直播电商平台对比分析表

平台	主播	直播时间	模式	最高在线观看人数
淘宝直播平台				
抖音平台				

小试牛刀　体验直播带货活动。

步骤：观看一场知名达人主播的助农直播活动，体验直播带货活动，分析这场直播带货活动的优缺点，并进行归纳，完成表 1.1.3。

表 1.1.3　直播带货体验报告

直播平台			
主播名字		账号粉丝量	
带货产品			
最高在线观看人数		点赞量	
平均每件商品的直播时长		主播采用的营销手段	
本场直播优点			
本场直播缺点			

知识拓展

直播内容内涵化，拒绝低劣庸俗

伴随着直播技术的发展和人们文化素养的提升，用户越来越倾向于观看有内涵、有深度、正能量的内容。无论是直播卖货的企业还是一般的直播平台，都要在直播内容的文化内涵上下一番功夫。

低劣庸俗的直播内容会让用户在企业与“庸俗”之间画上等号，而具有文化内涵的直播内容则会让用户在企业与“高端”之间画上等号。大多数用户在购买商品时，都会在自己的消费能力内尽可能选择“高端”企业。企业的直播营销必须营造出积极的文化氛围，并让用户感受到企业深厚的文化内涵。直播电商在进行直播内容策划时，一定要遵守相关政策，不能为了吸引流量，在内容上打“擦边球”。企业、直播平台和政府应该携手共进，共同维护直播市场中的秩序。

活动 2　认识直播间设备

活动背景

通过上一个活动，李丽在林老师的指导下，了解到直播电商已经成为行业发展的新趋势。星秀传媒工作室即将筹划一场直播助农活动，将进入当地的青梅产业园区，开展一场青梅产地助农直播。李丽得知这一消息后，想尽快熟悉直播设备，进一步积累直播基础知识。

课前引入

回顾你观看过的直播活动，请列举 3 个以上不同类型的直播设备，并写在下面的横线上：

1.______________________________

2.______________________________

3.______________________________

知识窗

工欲善其事，必先利其器。直播活动离不开直播设备的支持，直播设备的性能直接影响直播内容的输出，从而影响用户的视觉和听觉感受。根据不同的直播环境和场景，直播可以分为室内直播和户外直播两种。

1. 室内直播设备

室内直播通常适合一些对光线需求和细节展示要求比较高的商品，如服装、美食、美妆、日用品等。通常来说，室内直播需要的设备主要有以下几种：

（1）计算机

计算机可用于直播后台管理、脚本设计、用户互动等，还可用于计算机直播（见图 1.1.1）。计算机直播需要高配置的计算机或笔记本电脑，尤其对处理器的要求非常高，选择 I5 以上的处理器，可以避免在直播过程中出现卡顿的情况。

（2）手机

手机可以用来查看直播间评论，与用户进行互动，还可以通过手机摄像头进行直播（见图 1.1.2）。用手机直播时，要考虑内存、摄像头的像素和系统性能 3 个重要指标。建议选择内存充足、性能稳定、摄像头像素高的手机，这样既能让手机与直播软件更好地兼容，避免直播时卡顿，还能保证直播间的画质。

图 1.1.1　计算机直播

图 1.1.2　手机直播

（3）摄像头

摄像头是形成直播视频的基础设备，使用计算机直播时，需要搭配外接摄像头（见图 1.1.3）。摄像头成像首先要清晰，优质的画面能够吸引用户在直播间停留。另外，摄像头需满足主播美颜、瘦身、瘦脸等需求。条件允许，可以选择专业的摄影设备。

（4）麦克风

除了清晰的视频画面，直播时的音质直接影响着直播的质量。麦克风用于直播收音，使用优质的麦克风，声音不会失真，音效更清晰饱满。常见的麦克风有动圈式麦克风、电容式麦克风、领夹式麦克风等。

（5）声卡

声卡是用于收音和增强声音的设备，可以解决手机在直播过程中无法同时开启直播软件和音乐播放器软件，而且使用声卡播放背景音乐或掌声、笑声等伴奏，可以有效地调动直播间气氛。一般的声卡至少有 4 个接口，可同时连接直播手机、伴奏手机、耳机和话筒。

（6）补光灯

为了调节直播环境的光线效果，直播间需要配置灯光设备。常见的补光灯主要有柔光灯（包括柔光球或柔光箱）与环形灯（见图 1.1.4）。

图 1.1.3　外接摄像头直播

图 1.1.4　直播间补光灯

(7) 支架

支架用于固定手机、摄像头、麦克风、补光灯等设备，以保证直播画面稳定。高度、角度可以灵活调节，便于连接数据线、调配灯光等。

选支架主要看 3 个指标：稳定 + 轻便 + 可多角度灵活拍摄，可以根据固定设备的数量和大小进行选购。

(8) 耳机

耳机可以让主播直播时能监听自己的声音，从而更好地控制自己的音调、分辨伴奏等，帮助主播及时调整直播内容和状态。

2. 户外直播设备

越来越多的主播选择在户外进行直播，以求带给用户不一样的沉浸式视觉体验。常见的户外直播场地有农产品种植园、露天仓库、打包发货场所、集市、旅游景点等。户外直播时需要配置的设备主要有以下几种：

(1) 手机

手机是户外直播的首选，但是户外直播对手机的摄像头和 CPU 要求更高，需要配备性能较高的手机，以免出现手机散热不佳、画面不清晰等状况。

(2) 收音设备

由于户外直播时容易受到嘈杂环境的影响，因此，户外收音设备建议采用无线蓝牙麦克风，实现较为清晰的收音。

(3) 移动 Wi-Fi

网络是户外直播首先要解决的问题，直接影响直播画面的流畅度。使用手机流量会因为信号不够稳定等情况影响直播效果，所以主播可配备一款不受空间限制的随身 Wi-Fi，实现高速上网。

(4) 自拍杆

自拍杆可以帮助主播实现全方位、多角度的户外场景展示，让直播画面的呈现更加完整。

(5) 手机云台

由于自拍杆无法彻底解决画面抖动的问题，因此主播可以选择稳定性更强的云台设备进行户外直播。只要把手机固定在云台上，无论拍摄者的手臂呈现什么姿势，手机云台都能够随着拍摄者的动作幅度自动调整手机状态，使手机始终保持在稳定平衡的角度上，从而拍摄出稳定流畅的视频画面，如图 1.1.5 所示。

图 1.1.5　手机云台

(6)移动电源

户外使用手机直播时，手机耗电量较大，需要使用移动电源及时给手机续航。

友情提示：直播设备应本着实用、好用的原则择优选择。不同的直播形式或直播场景，需要的直播设备有所不同，在满足直播需求的情况下，精简为佳，避免盲目追求昂贵、尖端的直播设备，以免造成浪费。

活动实施

技能初探　为直播助农活动罗列直播设备清单。

4 人为一组，展开头脑风暴，为星秀传媒工作室即将开展的青梅产地助农直播准备一份详细的直播设备清单，完成表 1.1.4。

表 1.1.4　直播设备清单

直播设备	关键参数	作用

知识拓展

户外直播须文明，破坏秩序不可取

为净化网络空间，维护平台管理秩序，为广大用户营造风清气正的网络生态环境，抖音直播持续进行户外直播乱象的治理，从严整治低俗搭讪、低俗恶俗 PK、恶意演戏炒作、叫嚣吵架式直播、扰民式直播等违规行为。2022 年 6—8 月，抖音平台共处罚账号 13.7 万个。平台倡议主播文明直播，在户外开播时注意遵守公共秩序，规范自身直播行为，理性表达，友善互动；尽可能远离马路、天桥、隧道等有车辆来往的开放道路区域，以免妨碍交通秩序、危及自身安全；避免夜间在居民生活区域高声直播，以免对周边居民生活造成不必要的打扰。

抖音整治户外直播乱象

活动 3　熟悉直播电商三要素——“人”“货”“场”

活动背景

通过上一个活动，李丽已经知道开展直播所需要些什么设备，但是一场真实的直播不仅需要设备，还需要主播、商品、场景的紧密结合。李丽需要在老师的指导下进一步学习直播电商的三要素，即“人”“货”“场”。

课前引入

谈一谈你对传统电商中的“人”“货”“场”的理解，并写在下面的横线上：

1. 人：____

2. 货：____

3. 场：____

知识窗

1. 直播电商三要素

“人”“货”“场”是零售行业的 3 个关键要素，而直播电商的快速发展使直播带货成为一种新的零售模式，重新定义了电商的“人”“货”“场”三要素。

（1）直播电商中的人——主播、用户

直播电商模式下，新增了主播的角色。主播是商品和用户之间的桥梁和纽带，主播在镜头前对商品进行全面的介绍，用户能够更直观、清楚地了解商品，并且在观看直播的过程中作出购买决策。主播的业务能力、与商品的契合度、主播的知名度，直接影响每一场直播的最终效果和产出。直播电商要求主播具备一定的语言表达能力，有较强的镜头感，熟悉商品，并掌握一定的销售技能。对于商家而言，应该从主播人设、专业知识、直播效果等方面综合选择达人主播。直播电商的主播主要类型有专业电商主播、网络达人、商家员工、企业家、专家、明星等。

（2）直播电商中的货——商品、供应链

直播带货的核心是商品。主播能够给直播间带来流量，增加粉丝的黏度，但决定直播带货的最终效果是商品本身和供应链的竞争力。

随着直播电商的快速发展和直播产业链的完善，直播带货覆盖的商品品类越来越丰富，包括美妆、服饰、数码产品、汽车、图书音像、家装、运动户外用品等。究其效果而言，客单价适中、性价比高、利润率高、复购率高的商品是直播带货的主流商品品类，如食品、快消品、日用品、服饰、美妆等。

直播营销需要根据粉丝画像站在用户的角度去选品，优选货源丰富、对接效率高的供货渠道，再整合供应链，制订优惠的价格，最后通过主播在直播间对“货”进行充分展示，引导用户产生购买行为。

（3）直播电商中的场——直播场景

直播电商的场景是为连接“人”和“货”而存在的。直播场景由直播平台及直播间场景构成，直播营销升级了购物场景，解决了在线购物不具体、无参与感、体验不佳的问题。直播场景中,主播设置的试吃、试用等全方位商品展示,可以让用户更全面、更直观地了解商品,从而提升用户对商品的信任感;实时地公屏问答,及时解决用户的疑惑,实现快速决策和下单购买;直播间多种有趣的互动方式,激发消费者兴趣,提升用户的参与感和趣味性,进一步提升购物体验。

2.传统电商模式与直播电商模式对比

直播电商升级了"人""货""场"三要素,为电商行业注入了新的活力,更符合用户的购物体验,是一种更加高效的商业模式,具有显著的优势。传统电商模式与直播电商模式的对比见表 1.1.5。

表 1.1.5　传统电商模式与直播电商模式对比

对比内容	传统电商模式	直播电商模式
商品与用户的关系	人找货	货找人
消费路径	用户—商品	用户—主播—商品
用户消费方式	用户主动搜索商品为主	主播向用户推荐商品为主
用户消费需求	以刚性需求为主	除了刚性需求以外,通过主播话术、商品卖点呈现、直播场景的刺激,更容易激发用户潜在的消费需求
影响用户作出消费决策的因素	商品的价格、质量、品牌等	商品的价格、质量、品牌;用户对主播的喜好及信任程度、主播营销话术、直播场景的刺激等
商品呈现形式	以图片、文字、短视频等形式展示商品,可能与实物存在一定的差距	实时在线全方位展示商品,让用户更细致、更直观地了解实物商品
用户购物体验感	用户根据自己的主观判断,自主选择商品下单,缺乏一定的互动感、趣味性和参与感	用户可以参与直播间丰富的互动活动,如抢红包、抽奖等,在购物过程中获得更多的参与感和互动感
交易花费的时间成本	商家和用户的信息不对称,用户在购买商品之前,需要花费较多的时间去搜集商品信息,货比多家后作出购买决策,在交易过程中用户花费的时间成本较高	主播专业的选品能力和商品讲解能力,能够帮助用户降低购物决策所花费的时间成本

友情提示:主播与消费者之间的信任并不是一朝一夕就能够培养出来的。主播需要在推荐商品前严格选品、在介绍商品时如实介绍、在产品售后方面提供更贴心的服务,通过方方面面培养消费者对自己的信任。一旦主播建立起消费者对自己的信任,就能够大幅度提高自己的带货效率。

活动实施

小试牛刀　结合所学内容分析“人”“货”“场”三要素。

步骤 1：4 人为一组，通过网络查找普宁市青梅产业园相关资料，了解产业园产品名录。

步骤 2：利用所学知识，结合星秀传媒工作室即将开展的青梅产地助农直播，初步分析本场直播相关的“人”“货”“场”三要素，完成表 1.1.6。

表 1.1.6　分析“人”“货”“场”三要素

直播三要素		内容
人	主播类型	
	主播要求	
	商品展示及讲解重点	
货	直播商品	
	供货渠道	
场	直播平台	
	直播场景建议	
	直播间互动手段	

知识拓展

珠海集合“人”“货”“场”，发力直播电商经济

2022 年 9 月，珠海市商务局印发《关于促进珠海市直播电商经济高质量发展的实施意见》（以下简称《实施意见》），围绕直播电商“人”“货”“场”三要素，从珠海市直播电商发展薄弱环节切入，首先提出招引直播电商产业链上企业、打造直播电商产业发展载体、培育和引进主播 3 个直播电商发展先决性工作任务。

在人才方面，《实施意见》明确，通过加大招引、分类认定、评价激励、培育培训，构建直播电商人才队伍，鼓励各区对在珠海落户并开展直播销售的头部主播及其团队给予奖励。

为建立健全直播电商生态体系，《实施意见》提出，加大对直播电商上游供应端（品牌商、经销商、零售商等），中游服务端（MCN 机构、数据营销服务商、综合技术提供商、直播平台等）的招商引资力度，吸引全国市场主体到珠海经营，提升珠海市直播电商市场能级和量级。

结合珠海市 5.0 产业新空间建设布局，充分考量年轻人生活工作需求，建设集选品中心、共享及定制直播间、仓储、生活配套服务、短租公寓等设施于一体的“一站式”直播电商服务载体，打造一批硬件齐备、专业化团队支撑、人才培养孵化功能完备的直播电商园区（基地）。

任务2
了解直播电商岗位

情境设计

经过任务 1 的学习，李丽掌握了直播电商的基础知识，认识了直播间设备，熟悉了直播电商的“人”“货”“场”，迫不及待地想要加入直播阵营，但是她通过去星秀传媒工作室了解，发现直播的相关岗位有多个，这些岗位的职责和要求不一样，到底哪一个岗位更适合自己呢?

任务分解

为了更精准地找到自己喜欢和合适的岗位，李丽在林老师的指导下，需要继续学习直播电商人才的特征、岗位职责，以及直播电商各岗位所必需的技能，以便能够应聘到更适合自己的岗位。

活动 1　分析直播电商人才特征

活动背景

李丽在了解到直播电商的基础知识后，开始了解自己准备选择实习的岗位，在选择前，需要先分析直播电商的人才特征，以便把握直播电商的趋势和发展方向。

课前引入

说一说你眼中的直播电商人都有哪些特征，或者身边的同学、朋友、家人当中的直播电商人都有什么特点，并写在下面的横线上：

1.____

2.____

回 知识窗

党的二十大报告中强调，必须坚持科技是第一生产力、人才是第一资源、创新是第一动力，深入实施科教兴国战略、人才强国战略、创新驱动发展战略，开辟发展新领域新赛道，不断塑造发展新动能新优势，要坚持教育优先发展、科技自立自强、人才引领驱动，加快建设教育强国、科技强国、人才强国，坚持为党育人、为国育才，全面提高人才自主培养质量，着力造就拔尖创新人才，聚天下英才而用之。

直播电商行业井喷式的发展，使得直播行业人才随之出现了巨大的缺口。

1. 直播电商行业人才需求现状

（1）需求旺盛

直播电商行业涉及多个工作岗位，行业整体发展快，人才需求量大。由于主播的体力和嗓音消耗较大，很多直播间和工作室实行轮播制，因此主播岗位的需求量相对较大。流量投放和能够操盘的运营人才需要具备较强的数据分析能力，且需要熟悉平台机制，能够操盘提升粉丝数量和转化率，是企业普遍反映较稀缺和难以培养的群体。

（2）就业区域广

在直播电商人才的岗位总需求量中，一线与新一线城市均有巨大的需求。北京、广州、深圳作为一线城市名列前三，新一线城市中，郑州、杭州、成都、重庆、长沙等同样存在较大缺口。

（3）从业门槛较低

从主播、助播等基础岗位需求来看，大部分企业不限制学历，作为镜头前的销售人员，强大的语言表达能力、独树一帜的表达风格和个性化的内容输出能力比学历更为重要，而直播运营、策划等岗位对工作经验的要求相对高一些。对大部分学历不高的从业人员，可以尝试从主播、助播、客服等岗位着手迈入直播行业。

（4）薪资起点高

拉勾招聘大数据研究院发布的“2022 年双 11 电商人才数据报告”显示，电商直播的幕后工作“直播运营”和“直播策划”薪酬整体较高，46% 的直播运营月薪超过 3 万。51% 的主播 / 达人岗位月薪在 1 万元以下，30% 月薪为 1 万 ~3 万元，3 万 ~5 万元和 5 万元以上的岗位薪资水平分别约占一成。根据数据来看，直播电商行业的从业人员平均薪资水平较高，以行业中最为典型的主播岗位来看，随着工作经验的积累，提成收入逐渐增高，薪资上涨幅度较大。行业的高薪资在某种程度上推动了直播行业的迅速发展，提供了更多的就业机会。

2. 直播电商人才的特征

（1）直播电商人才专业化

随着全民直播时代的到来，电商直播市场急剧增长，参与市场竞争的企业同步增加，直播电商人才的竞争越来越激烈，行业岗位分工呈现精细化、专业化、系统化的特征，具备行业专业知识的直播电商人才是未来的主流。

（2）直播电商人才综合化

随着虚拟现实技术的发展，国内外涌现了一批成功的虚实结合的虚拟主播，它们具备年轻人所喜爱的形象，还有结合 AI 人工智能技术优化的交互技术。随着日益普及的 5G 技术，信息综合素养已经成为直播电商人才的标配，电商人才越来越综合化了。

（3）直播电商人才年轻化

相比其他行业，直播电商行业对工作年限的要求更为友好，凸显这个行业的年轻化需求，这是一个需要不断创新、大胆突破的行业，更需要新生代的力量。

（4）直播电商人才多元化

随着直播行业的快速发展，直播电商不仅是单一的带货模式，多元化的主播、跨圈层的内容融合会越来越多，这对直播电商人才的知识能力要求和职业技能提出了更高的要求。

（5）直播电商人才国际化

党的二十大报告提出：推进高水平对外开放。稳步扩大规则、规制、管理、标准等制度型开放。加快建设贸易强国。营造市场化、法治化、国际化一流营商环境。推动共建“一带一路”高质量发展。深度参与全球产业分工和合作，维护多元稳定的国际经济格局和经贸关系。

近年来，数字经济和平台经济快速发展，跨境电商直播成为外语类人才的新机遇。2022 年由跨境电商直播带来的海外商机需求大幅度增长，海外批发商看直播下单已经成为一种常态。未来人工智能可能会承担一大部分的翻译任务，但是作为跨境电商直播从业人员，必须要掌握一些与海关、外贸、税收、运营相关的知识和技能，并且要熟悉相关语种所在国家的历史文化和国情国策。

活动实施

侃侃而谈 讨论分析未来直播电商行业所需人才的特征。

以小组4人为单位，结合本活动内容，以小组讨论的形式，讨论分析未来直播电商行业所需人才的特征，并选派一名代表进行分享交流。

直通职场 收集直播电商人才的相关就业信息。

4人为1组，通过查询主流招聘网站（BOSS直聘、前程无忧、智联招聘等），收集直播电商人才的相关就业信息，并将结果填入表1.2.1。

表1.2.1 直播电商人才就业信息收集表

典型岗位	学历要求	薪资水平	工作经验要求	主要工作地域	岗位技能描述
主播					
助播					
直播运营					
策划					

知识拓展

杭州重磅人才新政：直播电商主播最高可认定为“国家级领军人才”

志在建设“直播经济第一区”的杭州市余杭区日前发布“直播电商政策”，明确对有行业引领力、影响力的直播电商人才可通过联席认定，按最高B类人才（国家级领军人才）享受相关政策。

根据其直播电商政策，纳税50万元以上的直播电商企业，可推荐独家签约主播（年带货销售额1 000万元以上）认定F类人才；纳税100万元以上的企业可推荐独家签约主播（年带货销售额5 000万元以上）认定E类人才；纳税300万元以上的企业可推荐独家签约主播（年带货销售额1亿元以上）认定D类人才。符合条件的企业每年可推荐D、E类人才名额各1名，并可分别按企业年纳税每增加100万元、50万元逐个递增，每家企业每年认定D、E类人才合计不超过5名。对有行业引领力、影响力的直播电商人才，可通过联席认定，按最高B类人才享受相关政策。

活动2 了解直播电商岗位职责与技能

活动背景

老师告诉李丽，直播电商绝不仅是在直播间销售商品，除了主播，还有助播、运营、场控等众多岗位。李丽在选择适合自己的实习岗位前，需要进一步了解直播电商相关岗位的职责与技能要求，以便匹配到适合自己的岗位。

课前引入

在下面的横线上写下你曾经听说过或者了解过的直播电商岗位，并跟大家讲一讲你自己对这些岗位的认识。

1.____

2.____

3.____

知识窗

随着直播电商的日益火热，越来越多的人进入直播行业，这无疑加剧了直播行业的竞争，而筹划组建高效的直播团队则成为个人或企业提升直播竞争力的重要前提。组建一个高效的直播团队，需要个人或企业在明确直播团队岗位设置的基础上，根据自身的需求和预算确定直播团队的组织结构及人员配置。直播团队的组织结构及人员配置因业务需求的不同而不同。在组建直播团队之前，应先了解直播团队的主要岗位设置。

一般而言，一个直播团队会涉及主播、助播、场控、运营、策划、客服等岗位，有些高配版团队中还会配置编导、视频拍摄及制作、商务拓展等岗位，根据直播工作岗位的实际情况，个人或商家可以组建不同层级的直播电商团队。常见的岗位见表 1.2.2。

表 1.2.2　电商直播岗位职责与技能要求

岗位名称	岗位职责	技能要求
主播	1. 负责协助直播运营经理制订直播计划与内容，参与商品选品和内容策划 2. 配合开展直播活动，通过淘宝、抖音直播平台进行商品讲解等视频直播销售 3. 通过直播间向粉丝展示介绍产品，耐心解答粉丝疑问，与粉丝互动，促进成交 4. 直播话题与粉丝进行线上互动，活跃气氛，提高粉丝活跃度，引导粉丝关注直播间，提升直播在线人数 5. 直播期间，即兴发挥，调动粉丝情绪，把控产品介绍速度，增加粉丝活跃度，确保直播间热度 6. 跟踪直播平台活动推广效果，做好数据分析反馈及总结，优化直播内容	1. 能根据自己的人设定位塑造自身人设，创造具有自我特色的话术、直播风格等，提高自己的辨识度 2. 具备良好的镜头表现能力、形象管理能力、语言表达能力、直播控场能力和心理素质，与用户有效沟通，理智应对直播间可能出现的负面、消极的声音等 3. 熟悉商品，具备较强的商品讲解能力，能够使用逻辑性强、技巧性的语言激发用户的购买欲望
助播	1. 通过直播介绍和展示品牌产品，推荐产品的卖点 2. 与粉丝互动，回答直播间粉丝提问并提供相应的建议，引导有购物需求的粉丝完成购物流程 3. 负责直播内容运营，保持直播间的活跃度，与主播、粉丝进行互动 4. 对所属的直播渠道的粉丝增长及销售任务负责，协助电商团队完成直播渠道的销售目标 5. 定期开展调研工作，捕捉竞品直播发展方向，收集平台、主播、用户的需求，提出合理化直播调整建议 6. 根据每次直播情况进行经验总结，并对下次直播进行优化	1. 具备良好的镜头表现能力、形象管理能力、语言表达能力和沟通能力 2. 能与主播默契配合，活跃直播间的氛围，帮助主播顺利完成直播

续表

岗位名称	岗位职责	技能要求
场控	1. 配合主播控场、把控直播节奏，直播现场支持和运营工作，协助主播提升直播间的活跃氛围 2. 负责直播全过程的进行，直播预告发布，直播中控台操作，与主播互动，与粉丝互动 3. 负责直播过程中的上下架商品、小视频展示、福利活动的推送 4. 配合主播出镜需求，帮助主播制造良好的直播气氛 5. 配合店铺运营人员完成商品更新、上架、促销等工作 6. 负责直播数据统计与分析，通过数据发现问题，并持续改进与完善直播流程	1. 熟悉直播间软硬件设备，能够判断和解决直播技术问题 2. 熟悉直播商品上下架、开展各类优惠活动的操作流程，能够熟练进行直播后台操作 3. 有较强的随机应变能力和突发事件处理能力 4. 有良好的控场能力和抗压能力
运营	1. 负责抖音、淘宝等平台的直播运营，制订直播营销计划 2. 负责直播过程中的资源对接、产品把控、活动报名及组织策划等工作 3. 负责参与直播的商品选品、直播内容策划、营销活动制订和粉丝群维护 4. 负责公司在抖音自营、淘宝直播的日常运营管理工作，包括直播产品优化、信息优化、订单问题处理等，流量转化数据指标跟进，数据分析总结，有效进行直播复盘 5. 负责直播项目关键指标达成（如增粉数、直播停留时长等） 6. 负责跟进主播的咨询、投诉、建议、反馈，有效处理并提出合理的解决方案 7. 关注直播行业动态和走向，直播竞品分析，提高直播用户留存率和黏度	1. 能够及时捕捉直播行业发展动态，熟悉各大直播平台规则及流量推荐机制，能够通过提高直播间权重使直播间获取更多流量 2. 熟悉商品供应链，能够完成有效选品，并能够根据选品及时调整定价及内容策划 3. 熟悉直播前台后台的操作 4. 具备一定的数据分析能力，能够分析平台数据，及时调整直播方案
文案策划	1. 负责制订具体的直播策划案 2. 根据营销策划案，合理规划直播品类、直播商品顺序等 3. 负责确定主要讲解商品，并提炼商品卖点，统筹直播脚本 4. 对接直播团队其他工作，如短视频直播脚本等 5. 配合美工，完成各类视觉相关的物料设计出稿	1. 能够针对一场直播策划详细的方案 2. 具备一定的创意，掌握互联网用户的内容喜好，有较强的沟通能力和团队协调能力 3. 具备一定的商品卖点挖掘能力和脚本撰写能力 4. 具备较强的文字功底，有一定的文学素养

续表

岗位名称	岗位职责	技能要求
客服	1. 负责收集用户信息，了解并分析用户需求，规划用户服务方案 2. 熟悉商品信息，具有良好的沟通技巧，能正确解释并描述直播商品的属性 3. 负责进行有效的用户管理和沟通，了解用户期望值，跟进回访用户，提高服务质量，发展维护良好的用户关系 4. 负责对商品电子商务相关数据的收集和维护	1. 主动热情、仔细耐心，能积极主动地帮助用户解决能力范围内的任何销售问题 2. 具备良好的沟通能力和话术技巧 3. 熟悉商品知识，能熟练解答用户提问，为用户推荐商品，熟悉促进销售、订单生成等相关流程 4. 掌握一定的消费心理学知识，能够灵活应对客户服务中出现的各种疑虑 5. 打字速度快，能同时应对多人在线咨询，并能及时、正确地做好备注工作，能持续保持高效的工作状态
商务拓展	1. 主要负责商家合作、商品招商等业务 2. 根据合作计划完成合作谈判 3. 监督合作项目的实施情况	1. 具备较强的沟通交际能力、组织协调能力、渠道开拓与管理能力 2. 有一定的客户及人脉资源

友情提示：电商直播人才需求旺盛，主播及直播运营人才缺口较大。2021 年智联招聘数据显示，直播岗位工作经验要求为“经验不限”“学历不限”的占比下降。在 2022 年第三季度，有 48.11% 的直播运营岗位要求 1~3 年工作经验，可见企业招聘“工作经验”硬性条件门槛提高。

活动实施

侃侃而谈　观察助播如何配合主播进行直播。

4 人为一组，观看一场知名主播的带货直播，说一说助播是怎么配合主播进行直播的，并选派一名组员进行分享交流。

职场初探　分组进行直播岗位定位。

4 人为一组，通过回顾本活动内容、查阅资料和分组讨论，结合自己的特长和兴趣，确定符合自己意向的直播岗位，并完成表 1.2.3。

表 1.2.3　直播岗位意向表

姓名	意向岗位	职责	所需技能

知识拓展

知识型主播带货更有范儿

“东方甄选”直播间的爆火，一时间俘获众人心，“知识型带货”成为直播界的一股清流。细究知识型主播的带货新模式：从内容看，有文化内涵地娓娓道来代替叫卖的吆喝声；从节奏看，不紧不慢的推销代替争分夺秒的拼手速；从方法看，耳目一新的文案代替循环往复的话术。如果说以往的直播模式仅服务于经济目的，那知识型带货则多了一重“心思”，即卖商品的同时又输出知识。双语直播、吟诗作赋，走进直播间的观众不仅能买到生活所需品，还能听到童年趣事，学到人文历史。主播们在带“货”的同时带“知识”，无异于赋予商品以文化灵魂，而这远胜于一声声廉价且百搭的“宝宝们”“家人们”。

知识型主播带货更有范儿

任务3 防范直播电商风险

情境设计

党的二十大报告提出：全面依法治国是国家治理的一场深刻革命，关系党执政兴国，关系人民幸福安康，关系党和国家长治久安。必须更好发挥法治固根本、稳预期、利长远的保障作用，在法治轨道上全面建设社会主义现代化国家。

2020 年 12 月 15 日，某知名头部主播直播带货微博“交个朋友”发布《关于 11 月 28 日交个朋友直播间所销售“皮尔卡丹”品牌羊毛衫为假货的声明》，承认所售出部分羊毛衫为假货。声明中，“交个朋友”称，羊毛衫供货来自渠道贸易商成都某公司，其供货方为上海某公司和某电子商务有限公司。上述两家供货公司涉嫌伪造文书、涉嫌伪造假冒伪劣商品、涉嫌蓄意欺诈。“交个朋友”将和渠道贸易商成都某公司一起向公安机关报案。对售后措施，“交个朋友”称，将向供应商维权的同时，先行向购买到假羊毛衫的消费者代为进行 3 倍赔付。客服人员将在未来一周内，陆续联系购买该商品的两万多名消费者办理赔付。无独有偶，某头部主播的不粘锅开播即粘，头部主播翻车的情况屡见不鲜。

法治社会是构筑法治国家的基础。作为直播电商行业从业者，有责任弘扬社会主义法治精神，传承中华优秀传统法律文化，引导全体人民做社会主义法治的忠实崇尚者、自觉遵守者、坚定捍卫者。

经过任务 1 和任务 2 的学习，李丽准备开始自己的直播之路，但网络上有关直播翻车的相关报道，让李丽开始直播之路之前，决心先了解一下直播的风险，并掌握直播电商相关风险的防范措施，为后续的直播岗位实践做好铺垫。

任务分解

为了规避直播中的风险，必须搞清楚风险的来源。李丽在林老师的指导下，通过查阅资料和与工作室的直播工作人员面谈，了解直播电商风险，了解我国相关的法律法规和平台规则，掌握直播电商风险防范措施。

活动 1　了解直播电商风险

活动背景

通过“交个朋友”直播间销售假羊毛衫事件，给即将参加直播电商的从业人员以警示——直播中存在不当宣传、售假等违规违法行为，不仅当事人（公司）要受到法律的制裁，其主播的声誉也会受到影响。林老师和李丽都认为所有的直播从业人员都应该了解并熟悉和直播相关的法律法规和平台规则，设立自己的直播从业底线，树立底线思维，避免违规和违法。

课前引入

通过网络搜索，查找和网络直播相关的法律和法规，列举 3 项，并写在下面的横线上：

1.______________________________

2.______________________________

3.______________________________

知识窗

近年来，各类新媒体平台不断涌现与发展，推动了网络直播领域的迅速发展，但随之而来的法律问题越发凸显。面对这一新兴媒体形态，剖析其法律法规存在的问题以及违法行为的主要表现，构建行之有效的管理与规范体系对违法行为进行有效治理，对营造良好的直播行业发展环境有着积极意义。直播电商中常见的风险如下：

1. 虚假宣传违规

虚假广告系直播间频发问题。很多主播为了增加销量对产品予以夸大虚假宣传。虽然直播具有实时性的特点，但是主播带货的视频资料仍然可以被截取，直播间中各类夸大宣传、虚假宣传等引人误解，很容易触碰并违反《中华人民共和国广告法》与《中华人民共和国反不正当竞争法》等法律规定。

对属于直播创意还是虚假宣传的边线界定，以是否能够引起大众误导、使大众信以为真为原则。市场监管部门对虚假广告的认定因为举证责任在主播及其背后的商家，相对容易处罚，考虑目前的监管形势，一旦被认定为虚假广告，处罚较重。

常见的网络直播中虚假广告的类型主要有以下几种：

①直播宣传的产品成分、功能，在真正的商品中是不存在的，这是一种典型的虚假宣传行为，处罚相对较重。

②夸大宣传商品的性能及功能。主要判断的依据是“是否对购买产生实质性影响”。如果这些内容与实际情况不符，都有可能构成虚假广告。

③虽然有真实依据，但是真实依据有一定的限制，直播宣传未说明该限制。例如，宣传“销量第一”，但是此“销量第一”系特定时间段和特定地区，在直播中未明确说明限制条件。

此类案件，尽管有真实性依据，但是因为有一定的限制且真实依据与宣传不符合，可能被认定为虚假广告。

2. 侵犯知识产权行为

直播中侵犯知识产权的行为大致有两种类型：第一，直播带货商品侵犯他人的知识产权，包括商标、专利等；第二，直播过程使用的画面、播放的声音等侵犯他人的知识产权。

（1）直播带货产品侵犯他人商品知识产权

《市场监管总局关于加强网络直播营销活动监管的指导意见》中明确规定，针对网络直播营销中售卖侵犯知识产权产品等问题，依据《中华人民共和国商标法》《中华人民共和国专利法》，重点查处侵犯注册商标专用权、假冒专利等违法行为。

（2）直播过程中侵权

直播平台需要加强对知识产权审查的意识，避免可能出现侵犯他人知识产权的各类行为。背景音乐中使用他人音乐作品、播放的声音、宣传物料中使用他人摄影作品、背景板、宣传画、类电作品、美术作品（字库输出的单字）、主播在直播展示的产品画面等应当进行严格筛查，确保得到使用授权或者对展示的内容享有知识产权。否则，很可能因侵犯他人知识产权招致诉讼风险。此类侵权在直播带货的主播间较为少见，但是在诸如斗鱼等以直播收取打赏为主的平台频发。

3. 直播间言语行为不规范

常见带货主播言语行为违规主要包括使用绝对化用语（使用“国家级”“最高级”“最佳”等用语），普通食品广告直播中宣传保健功能或者医疗作用（提高免疫力），语言有悖社会主义良好风尚，含有淫秽、色情、赌博、迷信、恐怖、暴力的内容（使用“增加事业运、招财进宝、化解小人、旺人、旺财、助吉避凶”等用语），损害国家的尊严或者利益，宣传酒类产品出现饮酒动作等。对多次出现问题的直播间和主播，采取停止推荐、限期整改等处理措施，严重者将被纳入黑名单永久不得再开展直播。

4. 选品问题与消费者保护

通过网络直播销售商品或提供服务，应按照《中华人民共和国电子商务法》《中华人民共和国消费者权益保护法》《中华人民共和国反不正当竞争法》《中华人民共和国产品质量法》《中华人民共和国食品安全法》《中华人民共和国广告法》《中华人民共和国价格法》《中华人民共和国商标法》《中华人民共和国专利法》等相关法律规定，履行相应的责任和义务。依法查处侵犯消费者合法权益违法行为。针对网络直播营销中售后服务保障不力等问题，依据《中华人民共和国消费者权益保护法》，重点查处对消费者依法提出的修理、重做、更换、退货、补足商品数量、退还货款和服务费用或者赔偿损失的要求，故意拖延或者无理拒绝等违法行为。

5. 有奖销售行为：直播抽奖、锦鲤、清空购物车等促销行为

涉及直播间中抽奖、锦鲤、清空购物车等多种行为进行规范的法律法规主要有《中华人民共和国反不正当竞争法》、《规范促销行为暂行规定》（以下简称《暂行规定》）、《中华人民共和国消费者权益保护法》等。网络带货直播中诸如获取流量，提高点击率，附带性地提供物品、奖金或者其他利益的行为，“红包”“优惠券”“锦鲤”“清空购物车”等促销名目均属于有奖销售规制的范畴。

6. 价格促销行为：价格标注、比较价格、价格欺诈、最低价宣传

（1）宣称“原价”可能被认定为“虚构原价”

《关于〈禁止价格欺诈行为的规定〉有关条款解释的通知》规定，“虚构原价”，是指经营者在促销活动中，标示的原价属于虚假、捏造，并不存在或者从未有过交易记录。所称“虚假优惠折价”，是指经营者在促销活动中，标示的打折前价格或者通过实际成交价及折扣幅度计算出的打折前价格高于原价。

主播直播时，往往倾向于减价力度以显示优惠，此时应慎用“原价”。根据《关于〈禁止价格欺诈行为的规定〉有关条款解释的通知》，“原价”是指经营者在本次促销活动前七日内在本交易场所成交，有交易票据的最低交易价格；如果前七日内没有交易，以本次促销活动前最后一次交易价格作为原价。

主播对未销售过的商品开展促销活动，避免使用“原价”“原售价”“成交价”等类似概念。所谓的“专柜价”“吊牌价”“正品零售价”“厂商指导价”，曾经展示过的销售价都不等同于原价，在直播中使用“原价”应当尤为谨慎。

（2）“最低价”宣传风险

许多主播为了强调降价幅度很难得，有时会称“这个价格只在我们直播间有”“这个价格今天才有”等。若宣称不真实，如商家在直播前、直播后的几天以直播售价出售商品，则上述行为可能被认定为价格欺诈。

（3）使用欺骗性或者误导性的语言、文字、图片、计量单位等标价，诱导他人与其交易。

7. 网络安全与个人信息保护、直播数据记录真实性

（1）直播数据的记录与管理

流量造假一直是网络直播领域的高压线。《中华人民共和国反不正当竞争法》第八条规定了经营者不得通过对商品的销售状况、用户评价作虚假或者引人误解的商业宣传，欺骗、误导消费者。《网络交易管理办法》第十九条以及《网络商品和服务集中促销活动管理暂行规定》第十四条明令禁止经营者以虚构交易、成交量或者虚假用户评价等形式提升商业信誉。后台数据造假，不但可能面临行政处罚，还可能被记入信用档案向社会公布，情节严重的可能导致刑拘。

（2）非法获取用户信息

网络安全保障往往是直播平台容易忽略的一点，《中华人民共和国网络安全法》明确规定，网络产品、服务具有收集用户信息功能的，其提供者应当向用户明示并取得同意；涉及用户个人信息的，应当遵守本法和有关法律、行政法规关于个人信息保护的规定；网络运营者不得收集与其提供的服务无关的个人信息，不得违反法律、行政法规的规定和双方的约定收集、使用个人信息，并应当依照法律、行政法规的规定和与用户的约定，处理其保存的个人信息。

8. 程序上的注意事项

（1）备案

根据《关于加强网络秀场直播和电商直播管理的通知》第七条，以直播间、直播演出、直播综艺及其他直播节目形式举办电商节、电商日、促销日等主题电商活动，应按照网络视听节目直播服务管理的有关规定，提前 14 个工作日将活动嘉宾、主播、内容、设置等信息报广播电视主管部门备案。

（2）亮照

根据《互联网视听节目服务管理规定》第七条，从事互联网视听节目服务，应当依照本规定取得广播电影电视主管部门颁发的《信息网络传播视听节目许可证》（以下简称《许可证》）或履行备案手续。未按照本规定取得广播电影电视主管部门颁发的《许可证》或履行备案手续，任何单位和个人不得从事互联网视听节目服务。

（3）直播违规突发事件的处置情况进行上报

《网络表演经营活动管理办法》第十四条明确要求：网络表演经营单位应当建立突发事件应急处置机制。发现本单位所提供的网络表演含有违法违规内容时，应当立即停止提供服务，保存有关记录，并立即向本单位注册地或者实际经营地省级文化行政部门或文化市场综合执法机构报告。

（4）知名人士、外籍境外主播

知名人士、外籍境外主播需取得工作许可，网络直播的表演者需要实名注册。

根据《关于加强网络秀场直播和电商直播管理的通知》第三条规定，社会知名人士及境外人员开设直播间，平台应提前向广播电视主管部门报备。MCN 机构因非法聘用未取得工作许可的外籍主播而受到公安部门处罚。

根据《关于加强网络秀场直播和电商直播管理的通知》第八条规定，网络电商直播平台要对开设直播带货的商家和个人进行相关资质审查和实名认证，完整保存审查和认证记录，不得为无资质、无实名、冒名登记的商家或个人开通直播带货服务。《网络表演经营活动管理办法》第九条规定，网络表演经营单位应当要求表演者使用有效身份证件进行实名注册，并采取面谈、录制通话视频等有效方式进行核实。

9. 税务风险

先后曝出的多起知名主播的涉税问题，让税务风险成为 MCN 机构和主播不得不警醒的系统性风险。从现状来看，MCN 机构或主播一旦涉嫌偷漏税，不但要面临税务机关的行政处罚决定，补缴税款、缴纳罚款、加收滞纳金，还可能被全网封禁，基本上无法从事直播带货，对于职业生涯发展来说是致命打击。如果经税务机关依法下达追缴通知后，MCN 机构或主播未缴纳相应税款及滞纳金，或五年内因逃避缴纳税款受过刑事处罚或者被税务机关给予二次以上行政处罚的，还可能面临刑事责任。

友情提示：网络直播本质上是一种价值观传播。网络主播作为主角，一言一行都影响着广大粉丝，应在传播科学文化知识、丰富精神文化生活、促进经济社会发展等方面，肩负重要职责，发挥重要作用，持续播出优质内容，传播正能量，播出自己的精彩人生。

活动实施

小试牛刀　分析直播带货案例的直播电商风险。

案例 1　即食燕窝实际为风味饮料

辛某直播带货即食燕窝事件中，广州某电子商务有限公司安排主播通过快手直播平台推广商品“×× 燕窝”。在直播带货过程中，主播强调商品的燕窝含量足、功效好，未提及商品真实属性为风味饮料，这一行为有没有风险？是否合规？为什么？

分析：此次销售过程，主播存在引人误解的商业宣传行为，其行为违反了《中华人民共和国反不正当竞争法》第八条第一款规定，同时触碰了《网络直播营销管理办法（试行）》中的红线。

案例 2　杭州某电子商务有限公司商标侵权、混淆商品案。

浙江某公司未经商标所有人允许，在销售的鞋子上使用带有 PANDA 标志的鞋子，员工在直播营销中使用带有 PRADA 标志的鞋子，声称鞋子是普拉达（PRADA），但实际销售的是带有 PANDA 标志的鞋子。这一行为有没有风险？是否合规？为什么？

分析：当事人的行为违反了《中华人民共和国商标法》第五十七条第（一）项“有下列行为之一的，均属侵犯注册商品专用权：（一）未经商标权利人的许可，在同一种商品上使用与其注册商标相同的商标的内容”之规定，属于侵犯注册商标专用权的行为。

同时，当事人的行为违反了《中华人民共和国反不正当竞争法》第六条“经营者不得实施下列混淆行为，引人误认为是他人商品或者与他人存在特定联系：（一）擅自使用与他人有一定影响的商品名称、包装、装潢等相同或近似的标识的内容”之规定，属于擅自使用与他人近似标识的行为。市场监管局依法对当事人作出行政处罚决定，责令当事人立即停止侵权行为，罚款 539 460 元。

实战演练　用思维导图总结直播行为规范。

步骤：从重点环节设置、行为红线等方面进行总结，并将总结的结果用思维导图整理到表 1.3.1 中。

表 1.3.1　直播行为规范思维导图

知识拓展

做好直播选品控制，避免直播翻车

直播翻车，本质上是一个法律问题，即产品质量问题。如果直播机构连最基本的产品质量问题都无法保障，无论拥有多么独特出众的直播风格，也很难长久地获得消费者的青睐。事实上，直播带货的最根本价值是产品本身。

直播选品分为以下 4 个步骤：

①商品开发：根据直播需求进行有计划的商品开发或招商。

②直播选品：根据直播需求组织选品会进行初步选品。

③供应商资质审核：初步筛选后，对供应商进行资质审核和交付能力审核。

④商品资质与商品样品审核：供应商资质审核通过后，对商品进行资质审核和测评。

做好品控，是所有直播机构首先需要解决的问题。若直播机构能与供应商相互配合，在选品时严格品控，不仅能避免直播翻车的状况，也能减少被投诉和口碑下降的风险。毕竟，直播的初心，是将合格、有保障的高性价比产品推荐给广大消费者。

活动2　掌握直播电商风险防范措施

活动背景

李丽通过前面的学习，了解到直播电商的风险还不少，意识到必须在开始直播之前掌握直播电商的风险防范策略，才能更好地在直播过程中规避各类风险，避免违规。

课前引入

结合活动1的直播风险安全学习，请通过网络找两个类似的直播违规案例，并将避免违规的对策写在下面的横线上：

1.____

2.____

知识窗

目前直播电商的主要风险集中在法律风险，要规避这个风险，主要从合规经营和熟悉常见直播电商法律法规入手，最大限度避免违规，进行风险规避。常见规避直播电商风险的措施如下：

1. 防止虚假广告、虚假宣传等直播宣传违规

为了防止直播中相关宣传涉嫌虚假广告，主播应对宣传的核心用语预先提交专业人员进行审核，确保直播宣传的内容可提供相应的证据进行支撑，宣传内容可被证实。

2. 防止侵犯知识产权行为

带货主播在选品阶段应对产品进行审核，如销售方产品是否为正品、是否取得品牌方的授权、合作方是否具有相关资质，并且通过与商家签订合同明确商家侵权或违约责任条款，以防范相关风险。

鉴于直播带货主要目的之一就是实现品牌的有效展示，不出现商家商标的情况几乎不存在，务必要查验商标证或商标授权文件，且应特别注意商标有效期、注册的商标标识与广告中使用的商标标识是否一致、核定或授权使用的商品或服务项目是否包含广告中宣传的商品或服务项目。广告中声称享有某项专利的，应当审核其是否具有相关的专利证书或专利授权，专利种类与广告中宣传的是否一致，专利是否已经终止、撤销、无效。

3. 直播间言语行为不规范带来的风险

网络主播应当做到熟悉风险、敏感、禁用词库，避免在直播中出现相应违规现象。

4. 防止选品问题与消费者保护问题带来的风险

网络主播直播带货涉及产品销售，难以避免涉及消费者保护问题。主播应充分在选品时重点进行调查审核，要求经营者提供商品的价格、产地、生产者、用途、性能、规格、等级、主要成分、生产日期、有效期限、检验合格证明、使用方法说明书、售后服务，或者服务的内容、规格、费用等有关情况，保障消费者的知情权；与商家通过事先签订协议的方式约定产品责任归属问题。对七天无理由退换货等基本的消费者权益保障进行落实。

对产品质量问题防范与消费者权益保护可以采取以下方式避免相关风险：

（1）与商家订立详尽的书面合同

在合同中载明广告主名称、地址和有效的联系方式，并要求商家提供企业法人营业执照等主体资格证明材料、工作联系单等。

（2）对关系消费者生命健康的商品或者服务严格审查

对“关系消费者生命健康的商品（如食品、药品、保健品、健身用品、宠物、易燃易爆品、含有有毒有害物质的商品、日用工业品等）”以及“关系消费者生命健康的服务（如医疗、美容、护理、餐饮、交通、旅游、劳务等）”应当予以严格审查，确保对卖家的资质资格尽到审核义务，对消费者尽到安全保障义务。

5. 规避有奖销售行为：直播抽奖、锦鲤、清空购物车等促销行为

①在抽奖页面需明示所设奖项的种类、奖金金额或者奖品等信息。

②不得将质量不合格的物品作为奖品、赠品。

③不得采用谎称有奖或者故意让内定人员中奖的欺骗方式进行有奖销售。

④不得抽奖后不兑现或者仅部分兑现涉嫌虚假宣传或欺骗性有奖销售。

⑤直播间抽奖式有奖销售最高奖的金额不得超过 5 万元。

⑥不得在有奖销售中宣传最终解释权归主播或商家所有。

6. 要规避价格促销行为带来的风险

网络主播在宣传“直播间最低价”“全年最大力度的优惠”等时务必谨慎，除非得到品牌方明确承诺并有相关证据加以证明，否则应当慎重使用上述及类似词汇。即使得到品牌方明确承诺，若主播在整个直播电商细分行业领域内可以达到或超过 1/2 的份额，或者两位主播能够达到 2/3 以上份额，很可能被认定为具备直播电商领域的垄断支配地位，此时可能受到《中华人民共和国反垄断法》相关条款的规制。

“全网最低价”“史上最低价”“老板含泪最低价”风险较高、证明难度大，不建议使用。首先，可能违反《中华人民共和国广告法》，使用绝对化用语；其次，可能违反《中华人民共和国反不正当竞争法》第八条第一款，构成作引人误解的虚假宣传；再次，可能违反《中华人民共和国价格法》，可能构成价格欺诈；最后，可能违反《中华人民共和国消费者权益保护法》，可能构成消费欺诈。

7. 网络安全与个人信息保护、直播数据记录真实性

（1）直播数据的记录与管理

主播切忌流量造假，切忌通过不正当的方式提高直播间流量关注度，否则很可能涉嫌违反《中华人民共和国反不正当竞争法》。此外，《网络信息内容生态治理规定》第二十四条明确规定：“网络信息内容服务使用者和网络信息内容生产者、网络信息内容服务平台不得通过人工方式或者技术手段实施流量造假、流量劫持以及虚假注册账号、非法交易账号、操纵用户账号等行为，破坏网络生态秩序。”《网络直播营销管理办法（试行）》第十八条规定：“直播间运营者、直播营销人员从事网络直播营销活动，应当遵守法律法规和国家有关规定，遵循社会公序良俗，真实、准确、全面地发布商品或服务信息，不得有下列行为：……（四）虚构或者篡改交易、关注度、浏览量、点赞量等数据流量造假。”

（2）不得非法获取用户信息

网络运营者、网络产品或者服务的提供者违反上述规定，侵害个人信息依法得到保护权利的，由有关主管部门责令改正，可以根据情节单处或者并处警告、没收违法所得、处违法所得一倍以上十倍以下罚款，没有违法所得的，处一百万元以下罚款，对直接负责的主管人员和其他直接责任人员处一万元以上十万元以下罚款；情节严重的，并可以责令暂停相关业务、停业整顿、关闭网站、吊销相关业务许可证或者吊销营业执照。

8. 规避程序性风险

（1）做好备案

进行直播带货等主题电商活动，提前14日进行备案。

（2）进行亮照

根据《互联网视听节目服务管理规定》第七条，从事互联网视听节目服务，应当依照本规定取得广播电影电视主管部门颁发的《信息网络传播视听节目许可证》（以下简称“《许可证》”）或履行备案手续。

（3）直播违规突发事件的处置情况进行上报

《网络表演经营活动管理办法》第十四条明确要求：“网络表演经营单位应当建立突发事件应急处置机制。发现本单位所提供的网络表演含有违法违规内容时，应当立即停止提供服务，保存有关记录，并立即向本单位注册地或者实际经营地省级文化行政部门或文化市场综合执法机构报告。”

（4）知名人士、外籍境外主播需要实名注册

知名人士、外籍境外主播需取得工作许可，网络直播的表演者需要实名注册。

9. 依法纳税

税收关乎国之大计、关乎民生。积极纳税是每一个公民的义务。MCN机构及主播不可存侥幸心理，互联网绝非法外之地，法律红线不可触碰。在大数据、强征管形势下，MCN机构和主播应进行充分的自查分析，评估个人及企业历史交易的税务风险。着重审查经济实质，做到厘清风险、认知明晰。如发现问题，及时沟通、补税。如确实存在需补税的情形，与主管税务机关进行积极有效的沟通后，做好自查补税方案进行自查补税，尽可能减少对企业及自身的影响。

友情提示：带货达人别变“逃税典型”，税法底线触碰不得。

2022年6月22日，国家广播电视总局、文化和旅游部印发关于《网络主播行为规范》的通知，为网络主播行为划定了底线和红线，明确网络主播需依法履行纳税义务。6月30日，网络主播范某被曝在2017年7月—2021年12月，以直播带货方式取得销售收入，未依法办理纳税申报，少缴个人所得税167.89万元，少缴其他税费100.56万元。厦门市税务局稽查局依法对范某追缴税款、加收滞纳金并处罚款共计649.5万元。

活动实施

实战演练　直播电商风险学习分享会。

小组4人通过查阅直播风险的相关资料，分析整理，进行分享，并完成表1.3.2。

表1.3.2　直播风险交流会记录

时间		地点	
活动主持		记录人	
参加人员			
交流过程（记录每一位参与分享的人的观点、内容概要）			
结论			

知识拓展

网络直播的主要监管机构和相关法规

目前网络直播的主要监管部门有网信办、市场监管总局、国家广播电视总局等。随着网络直播的发展，网络直播内容涉及范围越来越广，目前越来越多的部门介入网络直播的监管。关于网络直播相关的主要法律法规有：《中华人民共和国电子商务法》《网络直播营销管理办法（试行）》《关于加强网络直播营销活动监管的指导意见》《中华人民共和国消费者权益保护法》《关于加强网络秀场直播和电商直播管理的通知》《中华人民共和国广告法》《关于进一步规范网络直播营利行为促进行业健康发展的意见》《中华人民共和国反不正当竞争法》。

合作实训

实训背景：星秀传媒工作室近期将筹划一场“好货出山”的直播助农活动，即将进入当地的贫困山区，精选当地的一款荔枝蜜，开展一场户外的助农直播活动。根据工作室负责人的建议，希望李丽能够尽快组建一支直播团队，并针对这场助农直播提出自己的想法和建议，这将成为他们能否进入工作室进行实训的重要考核内容。

李丽希望能够早日组建好自己的团队，尽早进入工作室，开始直播电商的新体验。在林老师的帮助下，李丽通过查询资料，走访企业，掌握了很多直播电商的基础知识，对直播电商相关的岗位有了初步的了解，知道了直播电商中的风险防范要点。李丽知道，要想真正掌握直播电商技能，必须要对自己有清晰的定位，并组建自己的团队。为此，她决定和班上同学一起组建一个 4 人的直播团队，并根据各自的特点和特长来完成团队岗位匹配。根据所学内容，为工作室的助农直播提出自己的想法和建议。

实训要求：本次实训要求同学们完成团队岗位设置，并根据个人优劣势分析结果匹配岗位，然后通过查询资料、岗位走访、结合所学知识，为星秀传媒工作室的荔枝蜜助农直播提出自己的想法和建议。

实训步骤：

回顾本任务所学知识，并按下面的步骤进行实训：

1. 初步组建直播团队

结合星秀传媒工作室的需要，通过团队讨论，确定团队岗位设置。考虑团队成员的名额限制，需要一人身兼多个岗位，目的是进行直播岗位实训，增加体验，直播团队的岗位设置见表 1.3.3。

表 1.3.3　直播岗位设置

团队岗位	工作内容

2. 匹配岗位

通过个人自评、团队互评，进行团队成员的优劣势分析，针对分析结果匹配相关岗位，并推选一名团队负责人，将结果填在表 1.3.4 中。

表 1.3.4　团队成员岗位匹配

团队成员	个人优劣势分析	推荐匹配的岗位

3. 荔枝蜜户外直播带货模式建议

结合工作室实际情况及当地的网红达人资源，对比分析本场户外助农直播采用的两种带货模式，给出自己的建议，完成表 1.3.5。

表 1.3.5　带货模式对比建议

带货模式	优点	缺点	是否推荐
工作室自播			
达人直播			

4. 户外直播设备清单建议

结合户外助农直播的需求，配置户外直播设备清单，完成表 1.3.6。

表 1.3.6　户外直播设备清单

直播设备	关键参数	作用

5. 初步分析“人”“货”“场”三要素

结合户外助农直播的需求，从“人”“货”“场”3 个维度给出建议，完成表 1.3.7。

表 1.3.7 “人”“货”“场”三要素分析表

直播三要素		建议
人	主播类型	
	主播要求	
	商品展示及讲解重点	
货	直播商品	
	供货渠道	
场	直播平台	
	直播场景建议	
	直播间互动手段	

6. 风险防范建议

针对荔枝蜜户外直播带货，提出可能存在的风险点和防范建议，完成表 1.3.8。

表 1.3.8 风险防范建议

风险点	防范建议

7. 团队负责人将结果反馈给星秀传媒工作室负责人

实训评价：同学们完成实训操作后，提交相关实训任务表给教师。教师根据提交成果，按表 1.3.9 的内容进行打分。

表 1.3.9 实训评价

序号	评分内容	总分	教师打分	教师点评
1	直播岗位设置是否合理	10		
2	团队成员岗位匹配是否合理	10		
3	带货模式对比建议是否合理	10		
4	户外直播设备清单是否合理	20		
5	“人”“货”“场”三要素分析是否合理	30		
6	风险防范建议是否合理	20		

总分：____________

项目小结

本项目主要带领同学们开启直播电商新体验，掌握直播电商的基础知识，理解直播电商的优势，认识直播电商的相关设备，初步学会分析直播要素中的“人”“货”“场”，熟悉直播电商的常见岗位的职责和能力要求，同时掌握直播电商风险的应对和防范措施，对直播电商形成更全面的认识，为后续的系统学习打好基础。通过岗位实训，李丽和她的团队成员结合自己的兴趣爱好和职业岗位特质，找到了适合自己的实践岗位，为日后开展直播电商实训，乃至走向直播电商岗位，打好了坚实的基础。

项目检测

1. 判断题（正确的打“√”，错误的打“×”）

（1）直播筹备只需要对设备进行检查调试。（　　）

（2）知名主播的个人魅力和名人效应更有助于直播间销售。（　　）

（3）达人主播在直播平台带货是不需要交税的。（　　）

（4）直播平台只是提供直播的平台，平台自身不直播带货，不需要对消费者负责。（　　）

（5）直播带货提升了消费者的购物体验。（　　）

2. 单项选择题（每题只有一个正确答案，请将正确答案填在括号后）

（1）随着（　　）的到来，网速越来越快，流量越来越便宜，除了给电商直播的发展提供技术保障外，还深刻影响其他产业的电商化发展转型。

A.5G 时代　B. 电商时代　C. 社群时代　D. 人工智能时代

（2）淘宝直播平台属于（　　）。

A. 综合类直播平台　B. 短视频类直播平台　C. 电商类直播平台　D. 教育类直播平台

（3）为确保产品及售后服务质量，主播应选择来自（　　）企业的产品。

A. 正规合法　B. 价格较低　C. 规模较大　D. 广告投放量较大

（4）直播电商往往具有明显的价格优势，这种价格差异来源于直播电商的（　　）。

A. 内容优势　B. 信息优势　C. 信任优势　D. 供应链优势

（5）企业 / 品牌商不仅要向主播支付固定的坑位费，还需要根据商品的最终销售额按照约定好的分成比例向主播支付相应的佣金。这种直播营销的收益分配模式为（　　）。

A. 纯佣金模式　B. 纯坑位费模式

C.“佣金+坑位费”模式　D. 商品上架收费模式

3. 多项选择题（每题有两个或两个以上的正确答案，请将正确答案填在括号后）

（1）直播电商的优势包括（　　）。

A. 更实时的互动交流　B. 更有趣的购物体验

C. 更真实的商品感知　D. 更精准的用户群体

（2）与传统电商模式相比，直播电商模式具有的特点有（　　）。

A. 商品与用户的关系从货找人变成人找货

B. 商品与用户的关系从人找货变成货找人

C. 直播电商模式更能够有效激发用户的潜在消费需求
D. 直播电商模式下，主播与用户的情感联系更紧密
(3) 直播的三要素包括（　　）。
A. 人　　B. 品　　C. 货　　D. 场
(4) 影响用户在直播间下单的决策影响因素有（　　）。
A. 价格　　B. 质量　　C. 品牌　　D. 主播营销话术的刺激
(5) “直播带货”电商模式对经济的促进作用有（　　）。
A. 帮助偏远地区农产品外销　　B. 进一步刺激消费
C. 促进经济转型升级　　D. 有助于推广地区特色商品

4. 简答题

(1) 使用手机直播需要配置哪些设备？
(2) 从多个方面简述直播电商的风险防范措施。

5. 案例分析

2022 年 4 月以来，玉环市市场监管局认真贯彻落实省纪委省监委关于开展漠视侵害群众利益问题专项治理工作部署，以网络直播营销违法违规行为专项治理为抓手，严厉打击涉及侵犯知识产权、不正当竞争、广告违法、侵犯消费者权益等类型的网络直播违法行为。

请分析以下案例中商家的违法行为。

(1) 案例 1

2022 年 1 月，玉环市市场监管局对玉环市楚门镇吴家村梧桐谷产业园某企业进行检查，现场发现一批标示有爱马仕、宾利图形商标的家具产品。企业在对购买的一批椅子、床等家具产品进行油漆加工后，将带有爱马仕、宾利图形商标的皮革包裹于家具表面，将带有宾利图形商标的贴纸贴附于家具的表面，完成后放于线下展厅、线上抖音直播平台进行展示销售。经查，当事人并未取得商标权利人的许可。根据《中华人民共和国商标法》第六十条第二款的规定，本局责令当事人改正违法行为，并处罚款 15 000 元。

(2) 案例 2

2022 年 4 月 29 日，本局监测到玉环某电动自行车商行在其抖音账号上发布含有“公安部门批准的电动车防护罩”内容的广告，并予以查处。该直播短视频的浏览量为 50.4 万，评论为 1 752 条，双击点赞为 3 144 个。

当事人发布含“公安部门批准的电动车防护罩”内容的广告，违反了《中华人民共和国广告法》第九条第二款的规定，属于广告使用国家机关名义的违法行为，根据《中华人民共和国广告法》第五十七条第一款的相关规定，处罚款 20 000 元。

项目 2
提升主播素养：打造优秀带货主播

回 项目综述

党的二十大报告指出：乡村振兴是包括产业振兴、人才振兴、文化振兴、生态振兴、组织振兴的全面振兴。产业振兴是实现乡村振兴最重要的条件之一，一个有竞争力的产业将会带动整片区域的共同发展，实现强村富民。处于互联网+的时代环境中，要推动乡村振兴的发展与实现，利用电商打开乡村产业的销售市场。在乡村经济发展的同时，也要注重文化振兴，将优良的传统文化传播出去，传承发扬。

时代呼唤人才，发展需要人才，人才是第一资源。培育农村电商带货主播，掌握电商直播带货技能，在山村好货与消费者之间建立一种连接，巩固脱贫成果，助力乡村振兴。

通过项目1的学习，李丽对直播电商基础知识有了一定的了解，认识了直播间设备，了解了直播电商的岗位和职责，掌握了直播电商三要素——“人”“货”“场”，还了解了直播电商存在的风险以及防范措施。接下来，她想给自己进行人设打造，提升自己的带货能力和语言表达能力，并找到朋友搭档，培养出一个主播助理。

为了更好地开展直播，李丽向林老师请教。经过学习，李丽了解到要成为一个好的主播，并不是简单地了解产品和直播电商基础知识就可以，重要的是在直播前要做好主播人设打造，提升主播能力，如提升主播语言表达能力以及带货能力，培养助播等。接下来，我们和李丽一起来了解如何打造主播人设，探讨学习如何提升主播能力。

回 项目目标

通过本项目的学习，应达到的具体目标如下：

知识目标

◇了解主播人设打造策略。

◇掌握主播直播能力提升技巧。

◇了解助播岗位职责和必备技能。

能力目标

◇能够根据实际情况打造主播人设。

◇能够提升主播的带货能力。

◇能够提升主播的语言表达能力和镜头感。

素质目标

◇提高学生团队合作意识。

◇提高学生创业意识，培养学生吃苦耐劳的创业精神。

◇提高学生实践动手能力。

回 项目思维导图

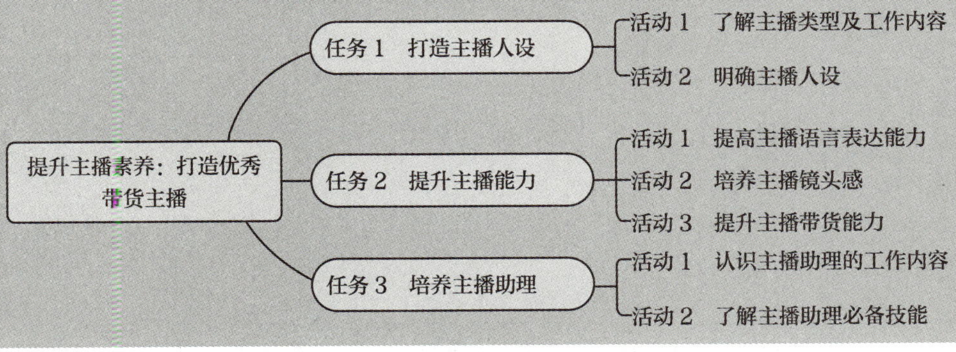

任务1 打造主播人设

情境设计

林老师告知李丽，一场直播的开展能否取得圆满成功，与主播有很大的关系，主播是电商直播的灵魂，而明确的主播人设，是主播进行带货的先决条件。为了取得更好的带货效果，首先要进行主播人设的打造，了解主播类型以及主播的岗位职责。

任务分解

为了打造好主播人设，李丽及其团队成员在林老师的指导下了解了主播的类型以及主播人设打造的基本技巧，从商家选择主播的规律和策略出发，明确主播的类型，同时以自身特点为出发点，找到自身优势和闪光点，结合具体商品，强化主播人设。

活动 1　了解主播类型及工作内容

活动背景

"618 购物节"将至，李丽打算"618 购物节"时在淘宝上直播售卖零食，但她对要进行的准备工作比较茫然，而林老师认为李丽的形象、性格比较符合零食店的直播需求。林老师告诉李丽，为吸引更多的用户进入直播间，在直播前要明确自己的岗位职责和工作内容。于是李丽及其团队成员开始着手了解和准备。

课前引入

关注一场关于零食的直播带货活动，搜一搜其主播在整场直播中做了哪些工作？

____

____

知识窗

1. 主播类型

随着新媒体技术的飞速发展，直播行业日益火热，很多人选择加入了主播行业，目前直播带货主播常见的几种类型见表 2.1.1。

表 2.1.1 主播常见类型

主播类型	说明
机构主播	即所谓的头部主播，直播专业性强，这类群体是电商主播中的主流和力推方向，大部分是由主播孵化机构培训的流量主播，能够在短时间内快速吸引粉丝
店铺主播	即电商平台中的卖家或店主自己承担电商主播的角色为个人店铺或产品进行直播。他们一般拥有丰富的运营经验，直播中能够全面积极地与消费者互动
个人主播	即只要满足平台门槛就能开通直播权限，同时兼任老板和主播身份的主播类型。例如，某一领域的专业人士，或者某些明星，他们自带权威和流量，更容易让消费者产生信任感，能够增加消费者的购买附加值

友情提示：电商主播在短时间内暴增，产生了许多问题。电商主播水准良莠不齐，直播内容同质化现象严重，加入电商主播门槛较低，导致主播的专业程度参差不齐。不管是哪一种类型的主播，要想成为一名优秀的带货主播，务必要提升自己的专业性。

2. 主播工作内容

电商带货主播的岗位职责见表 2.1.2。

表 2.1.2 电商带货主播的岗位职责

岗位职责	说明
选品和内容策划	负责协助制订直播计划与内容，参与商品选品和直播间活动策划
直播带货	负责日常的直播带货工作，推广销售产品，负责粉丝的留存和购买转化，提高产品销量
视频拍摄	拍摄短视频，用于账号日常更新，吸引更多粉丝关注账号，积累人气，提高账号粉丝数
执行直播活动	配合运营人员策划的直播间的活动并执行，提高粉丝参与度，增加粉丝黏度
优化直播技巧	通过直播中和直播后的数据，不断优化直播技巧，挖掘产品的亮点，快速解答粉丝疑问与引导购买，促成销售转化

活动实施

行业观察　观看 3 场不同知名主播的带货直播，分析他们分别属于哪种主播类型。

以 4 人为一个小组单位，利用互联网手段，选择 3 个近期有直播的知名带货主播，分析他们分别是哪种主播类型，并完成表 2.1.3。

表 2.1.3　主播类型信息采集表

序号	主播	直播平台	直播时间	主播类型	主播特色
1					
2					
3					

小试牛刀　作为一名主播，假设你们小组打算在“618 购物节”进行一场休闲零食专场的直播，结合休闲零食专场的直播需求，4 人为一个小组，请你们在直播之前列出主播的岗位职责和工作内容，完成表 2.1.4。

表 2.1.4　明确工作内容

职责	具体说明
1	
2	
3	
4	
5	

知识拓展

新人带货主播的准备工作

作为一名刚踏入直播行业的主播，一定要明确自身的岗位职责，提前做好各项准备工作，切忌在毫无准备的情况下直接开播，由此可能会出现产品介绍不清楚，不能挖掘出产品的亮点，从而导致粉丝对你的产品不感兴趣的情况，同时要保持思路清晰，保持激情的状态，积极与粉丝在线互动，提升专业水平，与时俱进，这样才能在行业里长久立足。

活动 2　明确主播人设

活动背景

主播要保证一场直播达到预期的效果，就要做好各项准备工作，其中主播人设定位以及人设打造对直播间的人气有很大影响，李丽及其团队成员需要学习如何打造主播人设，为正式直播作好准备。

课前引入

假设你要在你的家乡进行一场零食专场的直播，你认为主播的人设应该有哪些特点？

知识窗

1. 主播人设的概念

主播是电商直播的灵魂，一名优秀的主播本身可以自带流量。主播人设是电商直播带货的首要条件。人设就是对人物的设定。主播人设是指主播在直播间树立鲜明的形象标签，通过标签让别人快速记住，继而认可、喜欢、信任。主播通过人设，让自己的定位更加鲜明，立体，甚至让粉丝可以通过某一句话，或者某一个关键词就能记住自己。例如，淘宝知名李主播的人设标签就是美妆达人，热情，“Oh, my God！”，“买它”，这些标签处处都有所体现，最终打造出了鲜明的形象。

2. 为什么要进行主播人设打造

主播人设的塑造对电商直播有着非常重要的作用。首先，通过打造主播人设，主播可以展示自己的个性与亮点，体现自己的与众不同；其次，通过打造主播人设，可以加深粉丝对主播的印象，从而拉近主播与粉丝之间的距离，形成忠粉；最后，打造主播人设，可以使粉丝在观看完直播提升关注欲望，因喜欢主播的人设从而产生想再次看到主播的想法，从而关注主播、关注直播间，这对直播间的流量提升起到至关重要的作用。

3. 主播人设打造技巧

如图 2.1.1 所示为主播人设打造流程图。

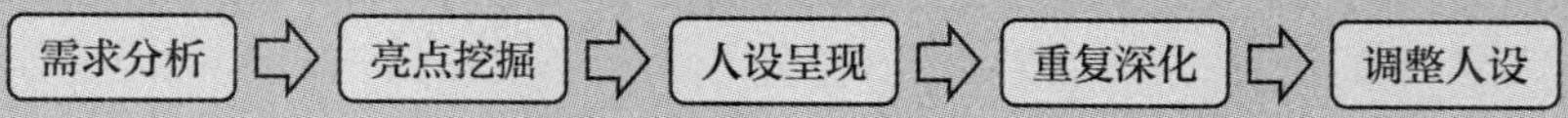

图 2.1.1　主播人设打造流程图

（1）需求分析

可以从 5 个维度进行需求分析，见表 2.1.5。

表 2.1.5　人设维度分析表

需求分析维度	说明
我是谁	确定身份，明确形象，使形象统一，增加识别性。直播间的名字，直播主题等要与主播身份形象形成呼应，如美妆博主、零食达人、好物推荐官等
面对谁	通过粉丝画像，分析用户群体的年龄、性格、偏好、收入水平、消费能力等特征
解决什么需求	通过挖掘用户的痛点，提供品质好货解决用户痛点，能够提升消费者的信任感和粉丝黏性，如美妆博主可以满足年轻女性群体爱美的需求
提供什么产品或服务	突出产品或服务核心竞争优势，做到人无我有，人有我优，如美妆博主可以给用户推荐质优价廉的化妆品
消费者凭什么喜欢我	体现自身的优势，如美妆博主可以专业推荐产品最新的美丽资讯及专业的化妆技巧

（2）亮点挖掘

在打造人设时，主播要从自身特点出发，找到自身的一两个亮点，并适当放大自身的亮点，找到符合自身的专属标签，做到差异化，这样有利于用户记忆和识别。例如，化妆技巧高超的人可以做美妆博主，宝妈群体适合儿童用品，身材好的人可以做服装主播，通过自身的亮点凸显人设，更容易引发用户的共鸣。

（3）人设呈现

在挖掘出自身亮点，寻找出自身的辨识度之后，要通过一些特定的方式将自己的人设呈现出来，如行为特征或与众不同的话术，让观众印象深刻，甚至引发共鸣。例如，美妆博主可以通过化妆前后的对比，妆前普通，但化妆后自然美丽来呈现人设，也可以通过专业的化妆品成分讲解，钻研精神来体现人设。

（4）重复深化

要想让更多用户记住自己，首先要获得用户信任，引发共鸣，而信任来源于专业，共鸣来源于经历、爱好、情感和观点。将专业性和经历等适当穿插到直播中，更能体现主播的人格魅力，让人设更加立体和饱满。另外，选对商品对主播尤为重要，合适的商品对人设的塑造具有强化作用。

（5）调整人设

主播在打造人设时，要充分分析用户画像，了解用户群体特征，从用户的视角重新审视人设标签，去掉一些目标用户偏好较少甚至排斥的标签。

活动实施

行业观察　观看并整理农产品类直播间主播人设的标签。

步骤 1：4 人为一组，浏览查询农产品直播带货场次信息。

步骤 2：登录淘宝直播或抖音直播平台，观看至少 3 位农产品主播，分别归纳整理其人设特点（表 2.1.6）。例如，东方 ×× 直播间，董 ××，性别男，人设标签：腹有才华，幽默风趣，朴实。

表 2.1.6　主播人设标签统计表

直播间名称	主播名称	主播性别	人设标签

实战演练　根据打造主播人设的流程，为“618 购物节”打造休闲零食品类主播人设。直播间休闲零食包括手撕猪肉脯、鹌鹑蛋、铁板鱿鱼、杧果干、盐焗鸡腿、手工小麻花。

步骤 1：明确休闲零食品类直播间群体，找出直播间目标群体的需求特征，并回答“人设五问”。

直播间目标群体的需求：美味、健康、方便食用的休闲食品。

人设五问：

①我是谁？

____

②面对谁？

____

③解决什么需求？

____

④提供什么产品或服务？

____

⑤消费者凭什么喜欢我？

____

步骤2：根据步骤1中的人设五问，结合零食品类直播间的需求，挖掘出主播的亮点并简单说明如何放大亮点，完成表2.1.7。

表2.1.7　主播人设标签挖掘分析表

主播人设亮点挖掘	
主播名称	
形象特征	
性格特征	
特长	

步骤3：结合休闲零食直播间的产品特征和粉丝特征，打造出适当的主播人设，完成符合休闲零食主播的人设标签呈现分析表2.1.8。

表2.1.8　主播人设标签呈现分析表

主播人设标签呈现	
主播名称	
外形	
行动	
话术	

知识拓展

农村电商带货主播人设要这样打造 看泾阳西红柿如何“出圈”

在“后疫情时代”下，直播带货行业虽热度稍有下降，但整体行业由之前发展初期的野蛮生长逐渐向专业化、规范化靠拢，稳健发展。以此为背景，很多特色农产品种植户借着风口，入驻各大网络平台，进行直播带货。泾阳作为农产品产出大县，“黑、红、白、绿”四色产业久负盛名，作为种植农户，同样在不断探索自身的营销宣传手段。在今日头条、抖音、快手等平台，都可以见到泾阳西红柿带货主播们的身影。他们或在田间大棚，用自己劳作的身影来表现泾阳西红柿的绿色自然；或大快朵颐，以传统“吃播”的方式来展现泾阳西红柿的沙甜美味。很多农村主播其实都没有刻意去打造自身人设的意识，但他们的很多行为方式都围绕着人设搭建在做。例如，常见到的通过展现自身的勤劳踏实、干净质朴来营销产品，使粉丝有一种“老实人卖的东西肯定不会有问题”的印象。

任务2
提升主播能力

情境设计

林老师告知李丽，主播除了要立好人设之外，还应该提升自身的综合能力。为了取得更好的带货效果，首先要提高语言表达能力，其次要有一定的带货能力，同时，还应该通过不断练习提升主播的镜头感。

任务分解

为了成功开展一场直播活动，李丽及其团队成员在林老师的指导下了解到想成为一名优秀的主播，应该学习如何提高主播的语言表达能力，让自己的语言更幽默、更专业，从而吸取更多粉丝关注。同时，从提高产品销量角度出发，要提高自己的带货能力，掌握好产品的基本信息，找到核心卖点，做到场景化营销，抓住用户需求。

活动 1　提高主播语言表达能力

活动背景

“618 购物节”将至，李丽打算“618 购物节”在抖音上直播售卖化妆品，但由于是第一次开播，李丽特别紧张，对如何表现自己，以怎样的语气跟粉丝沟通互动还有点茫然。林老师认为李丽的形象、性格比较符合美妆店的直播需求，只不过在语言方面需加强练习，在直播前要提升自己的语言表达能力，话术要具有亲和力、感染力，并尽量打造自己的语言特色，用语言来调动直播间的气氛。于是，李丽及其团队成员开始着手了解和准备。

课前引入

关注一场关于美妆的直播带货活动，总结一下主播的语言特征。

____

____

□ 知识窗

1. 主播语言表达提升技巧

作为一名专业的电商带货主播，要想获得用户认可和支持，除了要有外在的良好形象，还要培养良好的语言表达能力，说出的话要有亲和力、感染力，并且尽量突显自己的语言特色，能够做到用语言来调动直播间的气氛。那么如何提升主播语言表达能力呢？见表 2.2.1。

表 2.2.1　语言表达提升技巧分析表

策略	说明	示例
幽默化	幽默的语言不仅能在直播中起到“润滑剂”的作用，还能够彰显出主播的睿智、内涵与修养	①像恋爱中的少女，开心地去找男朋友，是那种很甜的感觉 ②这一款阿根廷家庭装草饲牛排，里面有西冷、肉眼还有菲力，一个人吃，换着口味吃，每天吃不一样的，不香吗
亲和力	亲和力是指主播在直播过程中使用一些语言策略来营造与粉丝的亲近感，热情地对待每一位用户，就像对待朋友一样真诚。例如，给粉丝独特的昵称，某头部主播李 ×× 会频繁使用人称代词“我们”，将自身视为消费群体的一员	①不会穿搭的宝宝们，可以试下下面这套衣服 ②感谢大家百忙之中来看我的直播，大家今天晚上有没有特别想实现的愿望呀？大家可以在评论区分享哦，万一我一不小心帮你实现了呢
互动感	主播不但要积极地与用户互动沟通，更要体现出真诚，不能随意敷衍。对用户提出的问题要进行逻辑分析，了解用户真实的意图，避免引起用户的质疑和反感	①直播间有没有那种脸一遇热水就泛红的女生？有没有爱长痘痘、有粉色痘印的女生呢 ②我看到有宝宝在说怕买回去质量不好，宝宝完全不用担心哦，我们这款商品都是经过权威机构检测认证的……
内容丰富	想要满足庞大的直播用户群体的需要，直播的内容一定要丰富并且有内涵、有吸引力，这就要求主播具有一定的创作能力	①寿司层次分明，外面裹着一层粉嫩的樱花粉，与洁白的米粒形成了鲜明的对比，中间还有鸡蛋丝、黄瓜条，把寿司摆成花瓣的样子，点上琥珀色的鱼子酱，看起来特别有食欲 ②这款烤箱是专门为三口之家研发的，方便主妇做早餐，可以同时烤 3 个面包、6 个蛋挞，满足全家人的营养需求，周末还可以在家做下午茶，烤一个全家人爱吃的美味披萨，一起享受幸福的时光
专业性	主播运用自己的专业知识从多方面去阐述商品的优势，传递商品的价值，从而让用户产生信任感，实现转化	①环形加热，不会煳锅，而且不粘锅，耐腐蚀，抹布一擦就干净，316 实用级别不锈钢，烹饪美食更健康 ②宝宝们注意看，这个鞋子的底部我们作了防滑处理，而且我们的材质和普通防滑材质不一样，大家可以看下自己的鞋底

续表

策略	说明	示例
真实性	主播从产品的真实情况出发，不过分夸大产品的功能，做到实事求是	①这款小电锅具有两挡可调节的按钮，熬、炒、煎、炸、蒸都可以，一锅就能搞定涮火锅、煮面、煮水饺等 ②宝宝们有没有经常出去旅游的，但又不想拿太多东西。但是下雨了，只能在景区买伞。我们这个折叠伞，相比普通的胶囊伞更加轻便，而且折叠简单，伞骨做了加固处理……

2. 主播语言表达训练方法

好的语言表达能力并不是一种天赋的才能，而是通过刻苦训练得来。培养语言表达能力只有不断地练习和模仿，不断地说和观看其他主播如何介绍产品，不断地创新和积累直播产品的词汇量，才能在将来的某一天给用户长时间介绍产品而不感到疲惫。具体训练方法可以参照表 2.2.2。

表 2.2.2　主播语言训练表达方法

方法	具体说明
速度法	通过快速阅读的方法，锻炼口齿伶俐，语音准确，吐字清晰。读的速度可以由慢至快，读的过程不要有停顿，发音准确，吐字清晰
复述法	重复地叙述别人的话，可以锻炼人的记忆力、反应力和语言的连贯性
模仿法	模仿他人的说话方式。可以选择一些演员或者播音员进行模仿，注意他们的声音、语调、神态、表情和动作，并在模仿中学会创新，添加属于自己的个人特色
描述法	把看到的景、事、物、人，用说话的形式表达出来，提升语言组织能力
角色扮演法	从语言上进行角色扮演，可以培养人语言的适应性、个性以及适当的表情动作，要求声音洪亮且充满感情，能形象地把人物性格表现出来

友情提示：了解用户的关注点和需求，要依靠语言表达能力来打动用户，主播需要关注语言表达能力的提升。语言表达能力的提升并非一朝一夕能够提升的，需要反复进行练习，甚至从模仿开始，融入自己的个人语言特色，最终形成自己的独特语言魅力，打动粉丝，提升直播间氛围。

活动实施

行业观察　观看 3 场不同知名主播的带货直播，并分析总结他们的语言表达特点。

以小组为单位，利用互联网手段，选择 3 个近期有直播的美妆知名带货主播，分析他们的语言表达特点，并完成表 2.2.3。

表 2.2.3　主播类型信息采集表

序号	主播	直播平台	主播语言表达风格	主播语言表达特色	主播口头禅
1					
2					
3					

侃侃而谈　模仿主播进行 10 分钟商品解说。

作为一名实习主播，你打算在"618 购物节"进行一场直播首秀，直播商品主要为美妆护肤类产品，主推产品为一款清透美白粉底液，主打功能：美白、遮瑕；特点：防水、妆感自然且持久；价格：118 元。在直播前，你想先提升一下自己的语言表达能力。

步骤 1：请以 4 人小组为单位，选择一个与你风格接近的主播，分析出主播的语言特色。

主播语言特点：____

步骤 2：结合产品的特点，总结出相关产品介绍话术。

步骤 3：融入自己的直播风格和语言特色，进行 10 min 的现场商品解说。

知识拓展

构建主播自身调性

优秀的主播要构建明确的富有个性的自我调性，形成自己的语言风格，让用户形成对主播的整体认知，主播的调性对直播的效果起着重要作用。主播要构建自身调性，培养独特的直播语言风格，用自己个性化的语言风格来调动用户的听觉，用自身的语言魅力来黏住粉丝。具体可以从情感、情绪、语速、语调、音量等方面着手。饱满的情绪能带给用户愉悦的体验，语速可以稍快，为平时的 1.5 倍，语调高低起伏，自然切换，音量稍大，清晰地传达信息，用热情感染用户。

活动 2　培养主播镜头感

活动背景

李丽通过向林老师取经和学习，了解到在直播前要提升自己的语言表达能力，说出的话要具有亲和力、感染力，并尽量打造自己的语言特色，用语言来调动直播间的气氛。于是李丽及其团队成员开始着手了解和准备。但在作准备时，李丽及其团队成员遇到了一个新的问题，当他们第一次站在摄像头前时，他们面对镜头特别紧张，不能将自己最理想的一面展现出来。于是，林老师告诉他们，他们需要练习并提升自己的镜头感。接下来，我们一起探讨什么是主播镜头感，且如何提升主播镜头感。

课前引入

关注一场你感兴趣的直播带货活动，分析主播在直播过程中，其面部表情以及肢体动作有什么样的特点？

____

____

回 知识窗

1. 主播镜头感的概念

作为一个优秀的主播，好的镜头感是必不可缺的。镜头感好的主播能将最自然、最生动的状态展现给观众，给人一种舒服的感觉。

主播镜头感分为两个方面：一个是面部表情；另一个是肢体动作。面部表情有 3 个标准：一是敢看。敢看镜头，看着镜头不慌张，很自信，这来源于主播对产品的了解。二是能说。人多的时候可以掌握节奏，人少时可以自说自话。三是会动。通过肢体动作更多地讲解产品的卖点，通过肢体动作去带动用户的互动。

2. 为什么要提升镜头感

俗话说，爱美之心，人皆有之。主播的镜头感能体现出主播表情是否生动、自然，眼神是否能够感受到镜头的位置，是否能够与观众产生互动，以及展示时的一些肢体语言和对产品的展示等是否能够被镜头以最佳的角度记录。

主播的镜头感能影响粉丝用户对主播的印象和加深好感度，从而影响整体直播效果。镜头感强的主播，更容易获取新用户，控场能力更强，形成更好的转化，留住更多的粉丝。

3. 主播镜头感的体现

（1）对象感

对象感是指主播应当设想对象的存在，并且要感觉到对象的反应，要从感觉上意识到对象的心理、要求、愿望和情绪等，并由此调动自己的思想感情，进而表情达意。主播对直播对象的设想可以从性别、年龄、职业、人数等方面进行，也可以从环境、心理、素养、气氛等方面加以把握。主播不仅要设想对象的一般情况和个性要求，还要掌握好传播者和接收者的关系。

（2）表演感

在直播过程中，主播的角色化定位是以主播的人设为基础的，当主播进入特定的情境后，会不同程度地脱离原本的生活方式与行为习惯，迅速地融入角色、人设中。主播要在一定程度上展现表演，并与真实感情的表达互相协调时，才能真正做到与受众的互动。主播的这种表演是一种适度的表演，应与本人以及直播融为一体。

（3）新鲜感

新鲜感就是要使观众鲜明地感觉到主播所描述的是他们所关心或感兴趣的新鲜内容，从而吸引他们的注意力，使其受到感染。主播可以从“人”“货”“场”3 个角度来保持新鲜感。首先，主播可以通过邀请嘉宾的方式给直播间引入新流量，制造话题，同时给老粉丝带来新鲜感；其次，直播间每天保持有新品，降低直播产品的重复率，除了常规直播外，还可以设置专场直播，如公益助农专场等；最后，注意经常变换直播间的场景，避免观众的审美疲劳，可以进行现场直播，如助农直播，可以在农村现场进行直播。

4. 如何培养和提升主播镜头感

提升主播镜头感的方法具体见表 2.2.4。

表 2.2.4　镜头感提升技巧分析表

方法	具体说明
找到最适合的角度和最佳出镜比例	全身最佳的观看效果是头顶留 1/4，离背景墙要有一定距离，才会有镜深感。上半身最佳观看效果是人脸在中上的位置。主播可以找一面比较大的镜子，通过镜子来清楚地观察自己的脸，找到最适合自己的表情和角度，然后对着镜子练习举手投足、语言表达，了解自己面对镜子是一个什么样的状态
提升镜头前目光交流的频次	看摄像头，才能让屏幕前的观众有对视感，主播除了用声音传递信息，还要用肢体语言和粉丝交流情感，主播与粉丝的目光交流非常重要。主播可以利用看向镜头的时候，向粉丝传达一些信息；利用看手机屏幕的时候，了解整个直播间目前处于什么状态，产品细节有没有展示到位。主播要保持看镜头和粉丝进行目光交流的频次，不能一直低着头或者眼神飘忽不定
保持自信的状态	直播前做好直播的规划，把自己打扮得干净漂亮，布置好直播间，让自己自信地出现在镜头前。直播一开始，主播就要保持精神饱满，自信心十足，这才是获得良好的现场状态的基础。主播在直播前可以准备一些小游戏、小活动和话题。根据对粉丝的了解，主播可以有针对性地为粉丝准备一些他们感兴趣的话题和活动，并在直播热场时充分利用起来
注意微表情和动作	笑容是拉近人与人之间距离最好的方式。主播要通过笑容去感染直播间的观众，让用户感受到愉悦。产品讲解时融入合适的肢体动作能更好地带动用户。如果刚开始直播的时候主播有些紧张、不自然，两只手不知道放在哪里，可以借助一些道具，如书、饮料、抱枕、玩具、产品等

友情提示：镜头感并不是一天两天练成的，需要反复地练习和熟悉。新手主播可以采用镜子或者自拍的方式来练习镜头感。可以找到一面比较大的镜子，通过镜子清楚地观察自己的脸，找到最适合自己的表情和角度，之后对着镜子练习举手投足，讲话表达，需要知道自己面对镜子到底是什么样子，注意一些平时不注意的小细节、小动作等。了解自己的优缺点，面对镜头，才能更加地自信与从容。

活动实施

强化训练　假设你是一名女装主播，在国庆期间准备进行一场女装直播，主打产品为一款春季长袖 T 恤，产品特点包括纯棉、宽松、圆领、印花图案。现在通过讲解一段商品，拍摄一段视频，提升镜头感。

步骤 1：4 人为一组，每个组浏览查询各大知名主播的直播带货信息，找到你们认为镜头感非常好的主播并具体说明原因。

____

步骤 2：每个成员打开摄像头，找到自己最佳出镜和最适合的表情、角度，解说一件产品，进行视频记录拍摄，小组成员内部互相点评优缺点，并完成表 2.2.5。

表 2.2.5　镜头感互评分析表

序号	名称	优点	缺点
成员 1			
成员 2			
成员 3			
成员 4			

步骤 3：从所有视频中找出组内镜头感最强的同学并说明原因。

镜头感最强的学生：____________________

原因：____________________

____

步骤 4：总结小组成员镜头表现的优缺点，取长补短，合作完成一段 10 min 的商品讲解，并将讲解过程拍摄下来，向全部同学进行现场展示。

活动 3　提升主播带货能力

活动背景

李丽及其团队成员经过林老师一段时间的指点，对直播语言表达和镜头感有了一定的了解，同时在不断地练习提升自己。但在准备开播之前，他们面临了一个新的问题，他们在拿到产品之后，不知道应该如何介绍产品，目前他们的产品介绍能力和带货能力存在很大的欠缺，他们找到林老师，希望林老师能够帮助提升这部分能力。接下来，我们一起学习了解如何提升主播的带货能力。

课前引入

观看一场知名主播的直播带货过程，分析其在直播带货的过程中体现了哪些带货必备的能力？

____

____

知识窗

要想成为一名成功的主播，除了具备基本的能力之外，最重要的是必须具备直播带货的专业能力。直播带货的专业能力（见图 2.2.1）主要包含以下 4 个方面：

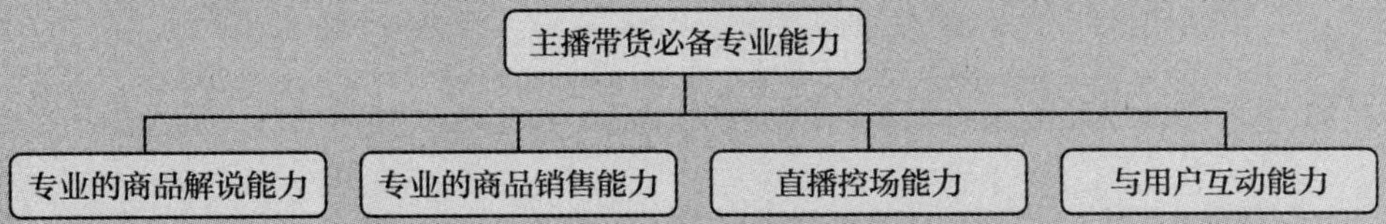

图 2.2.1　主播带货必备的专业能力

1. 专业的商品解说能力

优秀的主播一定是一个成功的销售员。对于一个成功的销售员而言，必须了解商品的各项专业知识，并能将其透彻地讲出来，这是必备的基本能力。

带货主播介绍商品的时候，要了解商品的基础知识和基本信息，抓住商品卖点，并在讲解的时候突出卖点，灵活运用专业词汇，增强产品说服力。同时，在讲解的过程中多结合商品的应用场景，找到商品的痛点，制造需求，提升客户的代入感，从而增加客户的购物欲望。例如，主播在讲解一款护肤品的时候，首先要熟知这款护肤品的主要功能、使用方法、适用的肤质以及它与同类其他产品的差异等。在商品解说的过程中给予专业的讲解，并在与用户互动的过程中进行解读，在解决用户提出问题的同时，给观众一种专业的印象，从而提升用户的信任感，促进转化。

2. 专业的商品销售能力

主播带货，想要业绩好，必须具备一定的商品销售能力。商品销售能力必须经过不断地学习、实践、经验总结来进行提升，这是一个循序渐进的过程。销售能力的提升分 3 个阶段，见表 2.2.6。

表 2.2.6　销售能力提升技巧分析表

阶段	具体说明
卖点讲解	要求主播掌握商品基础知识，了解商品详细信息，抓住商品核心卖点，及时解答用户疑问
场景应用	明确用户需求，把握用户心理，营造商品使用场景，找出用户痛点，提出解决方案
下单转化	形成人设，强化 IP，加深用户对主播的印象，提升用户黏性，最终形成转化

3. 直播控场能力

直播控场能力是指在直播过程中，在直播人气从低到高最后到稳定的整个阶段中，能把握好直播的节奏，控制好直播间氛围，实现与用户的良好互动，从而促成转化的过程。主播的控场能力的体现见表 2.2.7。

表 2.2.7　销售能力提升技巧分析表

能力体现	具体说明
营造直播间氛围	主播要擅长通过引导用户刷屏、点赞、引导关注等方式来调动用户积极性，提升直播间氛围
安排商品讲解顺序	主播在直播前要做好排品，并根据直播间营销效果随时调整商品讲解顺序，一般给商品设定的时间为 10 min，但对销售效果好的商品可以选择延长讲解时间；对销售效果比较差的商品可以随时切换。例如，开播时通过引流款来吸引人气，在直播间有了一定的人气之后安排利润款，从而提高整体销售额
打消用户疑虑	针对用户的疑虑，主播应及时作出策略应对。例如，针对产品应用问题，主播可以营造商品应用场景；针对价格疑虑，主播可以进行同类商品价格对比体现优势；针对质量疑虑，主播可以采用权威背书，从而打消顾客疑虑
主播和助播密切配合	一场成功的直播，需要主播和助播共同完成。助播应配合主播完成产品展示，并及时回复弹幕问题，帮助主播把握直播节奏，必要的时候及时处理“黑粉”

4. 与用户互动能力

主播应加强与观众在直播间的互动。良好的互动不仅可以提升直播间氛围，还可以从多方面打消用户疑虑，帮助用户解决问题，让用户可以放心地下单，从而形成有效的转化。主播可以从以下 4 个方面与用户进行互动：

（1）使用问句

主播在直播间多采用问句的方式直播，可以让用户产生交流的欲望，从而提升互动人气；同时，主播可以通过用户的回复及时了解用户的真正需求。例如，“大家喜不喜欢”“要不要上架”。

（2）推出粉丝专享

主播可以在直播间推出只有粉丝才能购买或者只有粉丝才能享受特价的商品，引导用户关注主播，在维系好“老粉”的同时，还可以做到吸引更多“新粉”。

（3）秒杀活动

主播在直播间进行限时限量的活动秒杀，结合话术，制造产品稀缺感，营造紧张的直播间氛围，让粉丝觉得不下单则会错失良机，完成对用户的催单。例如，很多主播会说“现在直播间 5 000 人，只有 100 单，今天是最低价，错过今天以后不会再有，倒数 5 个数，5（让助理配合说“还剩 50 单”），4（让助理配合说“还剩 30 单”），3（让助理配合说“没了没了”）。”

（4）价格对比

主播在直播间可以将自己的商品与其他店铺或者其他平台商品进行对比，凸显自己的价格优势。例如，“这款防晒喷雾在某宝价格是 160 元一瓶，今天晚上在我们直播间的用户，享受买两瓶直接减 79 元，相当于第一瓶 79 元，第二瓶不要钱，真的是超值。”

活动实施

行业观察　分析主播销售能力。

观察知名主播的任意一场直播，找出整场直播中 3 个不同商品的卖点讲解、场景应用和下单转化技巧，完成表 2.2.8。

表 2.2.8　主播销售能力分析表

产品序号	卖点讲解话术	场景应用话术	下单转化话术
产品 1			
产品 2			
产品 3			

强化训练　以小组为单位，4 人为一组，为“3.8 女神节”进行一场简短的女装直播。确立主播和助播身份，从商品库中任意选择两款女装商品（引流款和利润款），模拟完成一场 20 min 的直播。

步骤 1：结合直播主题，主播和助播选择出两款女装商品，可以选择一款价格便宜利润较低的商品作为引流款，一款价格稍高利润空间较大的商品作为利润款。将具体商品列在下方：

引流款：____

利润款：____

步骤 2：选择好商品后，小组成员根据商品特征，结合直播主题，挖掘出商品的核心卖点，完成表 2.2.9。

表 2.2.9　商品核心卖点分析表

商品名称	核心卖点
引流款：	1. 2. 3.
利润款：	1. 2. 3.

步骤 3：结合商品的核心卖点，形成直播话术，进行商品讲解。要求商品讲解过程中用相关话术体现带货能力，完成表 2.2.10。

表 2.2.10　主播带货能力分析表

带货能力体现	具体话术说明
专业商品解说能力	1. 2.
商品销售能力	1. 2.
控场能力	1. 2.
互动能力	1. 2.

步骤 4：将以上商品带货过程拍摄成视频上交。

知识拓展

当国货遇上直播，看某主播如何巧妙结合

电商直播崛起之后，很长一段时间主播通过直播带货来实现直播间的价值。之后，人们开始思考，除了直播带货，直播间还可以干嘛？于是，公益直播兴起，为直播间加上了社会属性功能。

在这之后，国货以势不可挡的趋势兴起，无论是老品牌还是一些新兴品牌，都如雨后春笋般出现在大众面前。先是某品牌奶糖进军化妆品行业，这些童年的回忆瞬间把消费者拉回属于自己的年代；再是一些国产化妆品牌在美妆行业立住脚，每年的数据都让

人咂舌；然后一些国产运动品牌等因捐款而掀起了“拯救国货”的热潮；最后人们发现，越来越多的国货出现已经成为像国外知名化妆品牌一样令人耳熟能详的存在。而这些品牌，都曾经或是现在仍然能够在某主播的直播间看到。“如果你用 ×× 卸妆油还会过敏，那你别用卸妆产品了。”“你们不要再说花 ×× 怎么样（不好）了，我只想对所有爱国货的女生作推荐。”该主播凭借一己之力带火了一众爆款，每一个在该直播间待过的国货，走出直播间后都能收获大量的好评和复购。

任务3 培养主播助理

情境设计

林老师告知李丽，直播绝对不是一场单人的表演，而是需要主播和助播默契配合完成。目前绝大部分直播间都会配备主播助理，主播助理和主播一样是不可或缺的存在。如果没有主播助理，主播除展示或介绍商品之外，很难有其他操作。在林老师的讲解和指导下，李丽知道了主播助理的重要性。她开始去了解有关主播助理的相关知识，如主播助理负责的工作内容，以及主播助理应该提升哪些技能。

任务分解

为了成功开展一场直播活动，李丽及其团队成员在林老师的指导下了解了主播助理的类型以及主播助理的工作内容，从了解主播助播的岗位职责出发，到掌握主播助理的工作内容，再到如何提升主播助理的工作技能。

活动 1　认识主播助理的工作内容

活动背景

圣诞节将至，李丽及其团队成员打算在抖音上直播售卖厨房小家电类产品，李丽作为主播，张琳作为她的助播一起进行准备工作。她们是第一次合作开播，对这种模式比较陌生，张琳对如何配合李丽，以及要进行哪些工作有点茫然。林老师认为她们的形象气质非常接近，两人一起直播也许能出现更好的直播效果，他告诉张琳为更好地配合李丽，吸引更多流量，在直播前要协助团队去选品，和主播李丽一起了解商品的基本信息等，并指导她如何帮助主播活跃直播间的气氛，以及应对一些直播间的突发情况等。于是李丽及其团队成员开始着手了解和准备。

课前引入

关注一场关于美妆的直播带货活动，总结一下主播和助播在直播过程中是如何分工的。

____

知识窗

如果说主播是直播的灵魂，那么助理就是直播的核心。主播助理分为前场助理和后台助理。作为直播助理，无论是前场助理还是后台助理，工作必须从开播前开始进行，为直播的顺利开展作好充分准备。例如，充分了解本次直播的所有商品，与主播一起制订直播策略，对商家样品进行管理，配合主播进行商品讲解和展示等。主播助理的具体工作内容见表 2.3.1。

表 2.3.1 主播助理的工作内容

主播助理工作	具体说明
开播准备工作	主播助理在开播前要与团队成员一起确定商品，了解商品的基本信息，确定商品的播放顺序和摆放层次，布置直播间，调试直播设备等
把握直播节奏	主播助理要帮助主播把控直播间的节奏，如提示主播产品上架时间、活动时间等，提醒用户关注，产品链接上好后及时告知买家下单流程，帮助主播回答弹幕问题，配合主播活跃直播间的氛围等
产品展示	在主播讲解产品的时候，配合主播展示产品的各项功能特征。例如，充当主播模特试穿衣服、试用商品，必要的时候辅助主播使用道具等
配合主播	全方位配合主播，回答主播提出的问题
突发情况处理	当主播出现突发状况时，主播助理要及时补位，维持直播间的热度；当直播间的设备出现问题导致声音画面等出现问题时，主播助理应及时检查维护

活动实施

行业观察　观察知名主播的直播，了解和分析主播助理的工作内容。

以 4 人为一个小组，观察两场不同类型的知名主播的直播，共同分析整场直播中主播助理在直播过程中体现的工作内容，并完成表 2.3.2。

表 2.3.2 主播助理工作内容分析表

直播序号	主播助理工作内容 1	主播助理工作内容 2	主播助理工作内容 3
直播 1			
直播 2			

强化训练　为“618 购物节”年中庆进行一场厨房小家电的直播。结合厨房小家电产品直播主题，采用主播和助播配合的方式，模仿家电达人进行一场直播。

步骤 1：4 人为一组，每个成员组内分享最吸引自己的家电类主播和主播助理。

步骤 2：每个小组共同找出组内最有吸引力的主播和主播助理，完成表 2.3.3。

步骤 3：组内两两为一组，模仿演练一段家电达人的直播，派两名代表面向全班同学进行现场展示。重点注意主播和助播之间的配合。

表 2.3.3　主播助播工作分享表

第______组		组名：______		
组员	组员 1	组员 2	组员 3	组员 4
姓名				
每个组员分享最吸引自己的商品讲解话术（列出 1~2 点）				
选出组内最有代表性的打“√”				
现场展示的直播商品话术				

活动 2　了解主播助理必备技能

活动背景

在了解了主播助理的工作内容之后，李丽和张琳准备在“618 购物节”的时候开播。距离开播的日子还有几天，张琳想趁这段时间对自己进行技能提升。林老师告诉她目前需要与主播培养一下默契度，详细了解商品的详细信息、直播间的活动等，同时，她们需要研究一下直播平台的推流机制以及运营技巧，以便在开播后获取更多流量。

课前引入

想一想，你认为张琳作为一个主播助理，应该从哪些方面去提升自己呢？

____

____

回知识窗

主播助理的必备技能

直播不是一场单人的“脱口秀”，它考验的是主播和助理的配合默契度。在直播间，主播助理和主播一样必不可少。主播是灵魂，助播则是核心。主播助理不仅可以帮助主播进行产品展示或介绍产品，还能在直播间配合主播活跃气氛，提高互动。一个优秀的主播助理必须掌握广告策划能力、团队协作能力、商品带货能力及直播运营能力，见表 2.3.4。

表 2.3.4　主播助理必备技能分析表

主播助理必备技能	技能说明
广告策划能力	具备一定的广告策划能力，能够策划活动、广告等帮助直播间吸引更多人气，提高粉丝量。例如，在开播前设计直播预告，进行直播预热等策划活动
团队合作能力	具备团队合作能力，与主播保持及时、良好的沟通，甚至形成一定的默契，做到心有灵犀。例如，在直播的时候，能正确解读主播的眼神或言语暗示，并迅速作出反应
商品带货能力	具备一定的商品带货能力，有较强的语言表达能力和专业的商品解说能力。能够掌握直播商品的详细信息，有一定的卖点挖掘能力。例如，某款护肤品适合哪类人群、哪种肤质、使用方法，如何找到用户的痛点并制造需求
直播运营能力	具备一定的直播运营能力，能掌握平台的相关引流机制和直播间的运营技巧。例如，需要了解如何通过提高直播间的浮现权来获取更多自然流量，了解直播的违禁词等，从而得到更多商业流量展现

友情提示：主播助理对主播的每一次配合都需要掌握好分寸，配合太少无法起到作用，配合太多可能引起直播间用户的反感和不信任。主播和主播助理要反复磨合，互相沟通了解，助理要掌握好主播的个性特征，了解主播的直播节奏，这样才能做到高默契度的配合。

活动实施

行业观察　观察两场知名主播的直播，了解和分析在直播过程中主播助理体现了哪些技能。

以 4 人为一个小组，观察两场不同类型的知名主播的直播，并共同分析出整场直播中主播助理在直播中体现的技能并完成表 2.3.5。

表 2.3.5　主播助理工作内容分析表

直播序号	主播助理技能 1	主播助理技能 2	主播助理技能 3
直播间 1			
直播间 2			

合作实训

为了更好地理解和掌握主播语言表达能力及带货能力，将进行下述实训操作：

实训背景：某品牌是专注于美妆护肤的新锐国货护肤品牌，自上市以来，成功地打造了多款明星爆品，线上销售屡屡实现突破性增长，有“新锐国货之光”的美誉。其性价比高，使用感觉和口碑都非常好，并且在外观设计、科技研发、成分功效等方面同样表现优秀，一点儿不输给大品牌。主打产品洁颜蜜（99 元）、牛油果面霜（139 元）、全息大白瓶（169 元）、玫瑰安瓶（179 元）等。圣诞节马上来了，他们希望在圣诞节期间直播促进销售。

实训描述：本次实训要求同学们根据产品特征，结合用户群体信息，根据所学主播应具备的各项能力的知识，提升主播语言表达能力、带货能力以及镜头感等。结合直播流程，明确语言表达技巧，找到主播最佳镜头感，形成专业的商品解说话术和销售话术、 控场和互动话术等。

实训任务：

以 4 人为一个小组，根据实训背景，结合目前所学主播能力知识， 完成一场简单的直播。直播重点为产品解说。要求直播过程中体现出主播优秀的语言表达能力、最佳镜头感以及专业的带货能力。

①结合直播背景和直播主题，从公司商品库中选择两款商品进行讲解，选择一款作为活动款，另外一款作为形象款。

活动款：____

形象款：____

②根据所选的商品，挖掘主播自身的亮点，打造出符合商品特征的主播人设并呈现出来，可以通过相关的话术来强化主播人设，并完成表 2.3.6。

表 2.3.6 主播人设呈现分析表

主播名称	
外形特征	
性格特征	
特　　长	
身材特点	
气质特点	
话术强化	

③结合直播背景和粉丝群体特征，深度挖掘活动款商品和形象款商品的核心卖点，形成讲解话术，以帮助粉丝了解商品，吸引更多粉丝关注直播间并形成转化，并完成表 2.3.7。

表 2.3.7 核心卖点讲解分析表

商品名称	核心卖点讲解话术
活动款:	1. 2. 3.
形象款:	1. 2. 3.

④大致明确本场直播的互动活动以及做好引导关注，并完成表 2.3.8。

表 2.3.8 直播互动活动分析表

商品名称	互动活动	引导关注
活动款:	活动一: 活动二:	
形象款:	活动一: 活动二:	

⑤结合上述步骤，整理好直播语言，开启直播，并将直播过程记录拍摄下来。

表 2.3.9 实训评价

序号	评分内容	总分	教师打分	教师点评
1	语言表达是否专业	10		
2	语调、语速是否合适	10		
3	面部表情是否自然	10		
4	肢体动作是否得当	10		
5	商品解说是否清楚并结合场景	20		
6	是否能把握直播节奏	10		
7	是否与用户互动	20		
8	是否引导关注	10		

总分：____________

项目小结

本项目从提升主播素养出发，通过梳理主播人设打造流程，由浅入深，带领同学们完成主播带货能力培养的学习。要完成一场直播，首先要确立好主播人选，提高主播素养，对主播人设进行打造。同时，要提升主播的各方面能力，例如语言表达能力、带货能力等。直播中，为了保证直播的效果，我们要安排助播与主播一起进行互动直播。要求助播不仅要了解工作内容，例如，做好直播准备工作，掌握好直播节奏，运用一些促单道具等；同时，还应具备一定的团队沟通协作能力、商品销售能力等。只有主播和助播高度默契配合，才能保证直播的顺畅和成功。

项目检测

1. 判断题（正确的打“√”，错误的打“×”）

（1）直播在打造人设时，可以通过挖掘自身闪光点和提高辨识度来打造。（　　）

（2）想要成为优秀的带货主播，要保持好心态，面对黑粉时，有时需要脸皮厚不怕黑粉打击。（　　）

（3）做主播时，为了让粉丝愿意分享主播和直播间，经常会搞一些活动，如分享有奖、分享优惠等。（　　）

（4）打造人设是为了变现。（　　）

（5）一个优秀的主播助理必须掌握广告策划能力、团队协作能力、商品带货能力及直播运营能力。（　　）

2. 单项选择题（每题只有一个正确答案，请将正确答案填在括号后）

（1）人设的定义是什么？（　　）

A. 人设就是人物的设计

B. 人设就是人物的设定

C. 人设是指人物的性格

D. 人设是指人物的爱好

（2）怎样的人设容易被粉丝记住？（　　）

A. 让人一看就喜欢的人设

B. 让人一看就讨厌的人设

C. 具有辨识度的人设

D. 模仿网红大号的人设

（3）以下不是主播助理工作内容的是（　　）。

A. 选品了解商品信息　B. 掌握直播节奏　C. 应对突发情况　D. 给商品制订价格

（4）以下不是提升主播镜头感的方法的是（　　）。

A. 找到最佳出镜比例　B. 眼神互动　C. 表情浮夸　D. 自信的状态

（5）以下不是人设定位五维度的是（　　）。

A. 我是谁　B. 面对谁　C. 粉丝是谁　D. 解决什么问题

3. 多项选择题（每题有两个或两个以上的正确答案，请将正确答案填在括号后）

（1）主播的良好语言表达能力包括（　　）。

A. 语言幽默　　B. 亲和力

C. 表达严肃　　D. 自顾自说，不进行互动

（2）主播带货能力提升的 3 个阶段有（　　）。

A. 了解商品卖点　　B. 场景化营销　　C. 粉丝互动　　D. 建立人设 IP

（3）带货主播提升镜头感的方式有（　　）。

A. 找到最佳出镜比例　　B. 眼神互动　　C. 自信的状态　　D. 表情和动作自然

（4）带货主播可以从哪些角度称赞粉丝？（　　）

A. 称赞粉丝形象　　B. 称赞粉丝行为　　C. 称赞粉丝能力　　D. 避免模糊称赞

（5）主播语言表达原则有（　　）。

A. 吐字清晰准确　　B. 表达模糊

C. 语言通俗易懂　　D. 形成与众不同的表达风格

4. 简答题

（1）简述常见的主播类型。

（2）简述主播人设打造的流程。

（3）简述主播助理必备的技能。

项目 3
策划直播方案：理清直播营销思路

回 项目综述

在2021年10月13日中央办公厅，国务院办公厅印发的《关于推动现代职业教育高质量发展的意见》中提出工作要求：坚持立德树人、德技并修，推动思想政治教育与技术技能培养融合统一。立德为先，树人为本。在社会主义核心价值观基本内容中，富强、民主、文明、和谐是国家层面的价值目标，自由、平等、公正、法治是社会层面的价值取向，爱国、敬业、诚信、友善是公民个人层面的价值准则。其价值内核实为中国人的家国情怀。作为直播电商从业人员，应该在思想观念上厚植家国情怀，学以致用，在弘扬传统文化、振兴家乡经济、传播正能量等方面贡献自己的一份力量。

通过前面两个项目的学习，李丽对直播电商基础知识有了一定的了解，认识了主流的直播平台，了解了直播的岗位和职责，掌握了如何打造主播的人设、提升主播的能力并培养主播助理。于是，李丽跃跃欲试，她找了身边的好朋友，组建了直播团队，准备从家乡特色农产品乌酥杨梅入手，试水直播电商。

为了更好地开展直播，李丽向林老师请教。经过学习，李丽了解到要成功开始一场电商直播，并不是简单地申请好直播平台、确定好主播就可以，重要的是在直播前要作好充足的准备，如梳理直播流程、制定直播方案等。接下来，让我们走进项目3，和李丽一起梳理电商直播流程，探讨学习如何策划直播方案。

回 项目目标

通过本项目的学习，应达到的具体目标如下：

知识目标

◇了解直播电商的主要环节。

◇掌握直播方案的策划要点。

◇掌握直播复盘的基本思路和主要内容。

能力目标

◇能够利用不同的渠道进行直播预热。

◇能够合理规划直播电商流程。

◇能够策划并制订出直播方案。

◇提高学生的数据分析能力。

素质目标

◇提高学生团队合作意识。

◇树立法律意识，不发布敏感信息，不发布虚假信息，不欺骗用户。

◇培养社会责任意识，弘扬正向的价值观，发布与传播正能量信息。

回项目思维导图

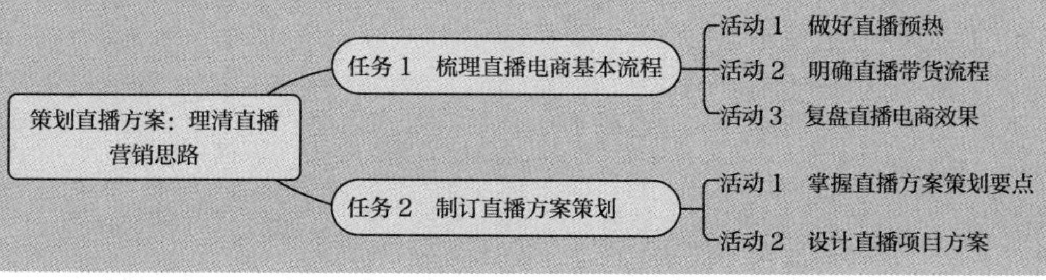

任务1 梳理直播电商基本流程

情境设计

林老师语重心长地叮嘱李丽，每一场电商直播前都应精心设计，以保证直播活动有条不紊地进行，取得更好的带货效果。策划直播方案，首先要理清直播营销思路，按时间顺序梳理清楚直播电商的基本流程。直播电商的基本流程可分为直播前、直播中、直播后三大环节。直播带货前，如何做好直播预热？直播带货的流程有哪些？直播后如何复盘提升直播效果？这些都是作为直播电商行业新人需要掌握的知识。

任务分解

为了成功开展一场直播活动，李丽及其团队成员在林老师的指导下梳理了直播电商的基本流程，利用不同渠道做好直播预热宣传工作，结合直播时间规划合适的直播带货流程，同时需要提前了解开展直播复盘及确定直播复盘的重点内容。

活动 1　做好直播预热

活动背景

乌酥杨梅熟期是 6 月上旬到夏至，李丽打算在“618 购物节”直播售卖乌酥杨梅，林老师指导李丽为吸引更多的用户进入直播间，在直播前要做直播预告。于是李丽及其团队成员着手直播预热，了解并选定预热渠道，设计预热素材。

课前引入

关注一场你感兴趣的直播带货活动，搜一搜其直播团队在直播前做了哪些预热宣传工作？

____

____

知识窗

直播预热也就是直播宣传，是指直播前根据直播的内容提前设计文案、海报、视频等进行直播预告，并多渠道宣传，作用是扩大直播声势，提前为直播引流。

1. 设计直播预热标题

设计直播标题时可以采用一些常用的策略（表 3.1.1），从而比较容易设计出有吸引力的标题。

表 3.1.1　设计直播标题的常用策略

策略	说明	示例
借助名人效应	直播标题可以借助名人效应，如名人同款、名人直播带货专场等	①时尚百搭，×× 同款 ② ×× 分享护肤心得
制造紧迫感	在标题中添加“数量有限”等字样，以制造紧迫感、紧缺感，促使用户迅速点击进入直播间观看直播	①买一送一，限 3 小时 ②今日福利大放送，手慢无
传达利益点	指明直播利益点，给用户传递商品信息之外，还传递出商品的附加值，以此来吸引用户观看	①新手都可以学会的化妆技巧 ②日常防晒知识教学
借助热点	热门事件、热门节日、热门影视剧，都可以作为直播标题的一个亮点，用来吸引用户点击	①开学季，新品特惠 ②中秋送好礼，团购月饼打折
设置疑问	在标题中设置疑问，激发用户的好奇心，增强用户点击欲望	①皮肤松弛衰老如何改 ②宝宝总是红屁股怎么办
解决用户痛点	在标题中注明用户在生活或工作中所遇到的烦恼和困难，并给出相关的解决方案，以解决用户需求，引起用户的关注	①喝水不沾杯的唇釉 ②显瘦美衣上新 ③枕头不对，一夜难眠

友情提示：一般而言，淘宝上的直播标题最好在 10 个字以内，抖音和快手的直播标题最好在 8 个字以内，字数过多的标题可能显示不全，无法突出重点。

2. 设计直播预热封面

直播封面的设计要清晰、易懂、高品质，还要遵循以下两个要点：

（1）封面尺寸合理

直播封面有不同的规格，如 1 ∶ 1，3 ∶ 4，16 ∶ 9 等，目前淘宝、抖音都建议封面尺寸为 750 px×750 px。

（2）选择好主体

以人物为主体，封面中的人物可以是品牌形象代言人、商品模特或主播，但要注意人物肖像的授权，避免侵权风险。在封面中展示人物时，可以融入商品，如人物穿、拿、戴直播推荐的商品，如图 3.1.1 所示。

以商品为主体，即在封面中应该选择具有视觉冲击力的商品图片。商品图片应直观立体，让用户能够直接观察到商品的细节、特点等，如图 3.1.2 所示。

图 3.1.1　以人物为主体的直播封面

图 3.1.2　以商品为主体的直播封面

3. 直播预热素材

直播预热素材一般包括预热文案、预热海报和预热短视频 3 种形式。

（1）预热文案

通常情况下，直播预热文案多在微信、微博等平台上发布，是引导用户进入直播间、让用户了解直播详情的重要途径。在撰写直播预热文案时，可以采用表 3.1.2 中的常用策略。

表 3.1.2　撰写直播宣传文案的常用策略

策略	说明
借势宣传	借助本场直播的嘉宾或主播本身的名气对直播进行宣传，或融合网络流行话题、娱乐新闻、节日等热点为直播引流
价值宣传	直截了当地告知用户观看直播可获得的利益，包括直播中的促销活动、折扣活动、抽奖活动，以及在直播间可享受到的低价商品
制造紧迫感	规定观看本场直播用户能够享受福利的时间段，或限制本场直播可享受直播福利的人数、可享受的直播福利的数量等，制造紧迫感，从而引导用户观看

在直播预热文案中，采用价值宣传策略，可以注明直播时间，告知用户观看直播可获得的利益，以此来吸引用户，例如：

“×× 直播间，特色杨梅上新！优惠大放送，新品享不停，福利等你拿！关注主播，参与抽奖，乌酥杨梅免费尝！锁定 ×× 直播间，2022 年 6 月 18 日晚 19 点不见不散哟！”

（2）预热海报

直播预热海报通常是通过微信、微博等社交平台进行宣传。海报的尺寸可为 1 080 px×1 920 px，或等比例缩小。不同的宣传渠道，海报尺寸会有所不同，如淘宝上的直播预告海报尺寸为 750 px×950 px。

预热海报可以这么设计

（3）预热短视频

直播预热短视频常见的方式有以下两种：

①纯直播预告式的短视频

以直播预告为主要内容，时长 15 s 左右，一般采用主播出镜的方式，通知用户具体的开播时间和直播主题，还可以对直播中的福利活动进行预告，吸引用户观看直播。

②常规的短视频内容 + 直播预告信息

这种预告一般会在短视频的前半段输出与账号风格相同的垂直内容，吸引用户观看，在后半段对直播时间进行预告。

友情提示：近年来，短视频创作者门槛低，给了人们更多的表达空间。作为预热短视频的制作者，应该承担社会责任，提高道德素养，传播正能量的内容。

4. 直播预热渠道

直播前可以利用直播电商平台、社交平台和企业官网进行直播预告，也可以利用线下渠道预热引流（见图 3.1.3）。

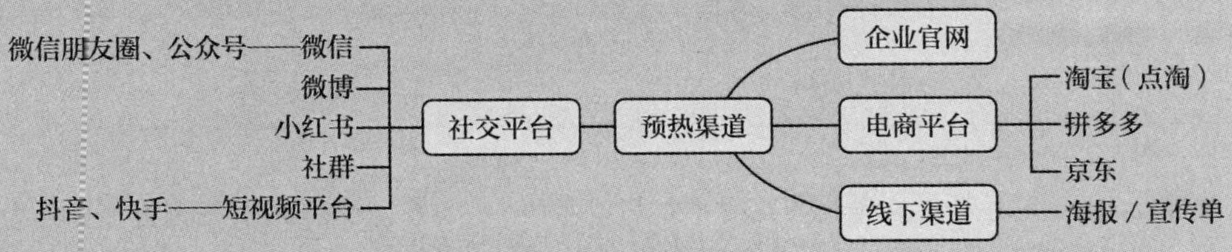

图 3.1.3　预热宣传渠道思维导图

直播预热可以多渠道宣传预热：

（1）站内直播预告

在直播平台发布直播预告或预告短视频，主播可以通过发布直播预告提前告知用户后续的直播计划，用户可以通过预约的方式订阅相应场次的直播，主播还可以借助短视频形式告知用户直播时间、直播主题和直播内容。例如，主播在淘宝直播时，可提前通过淘宝主播 App 发布直播预告，点淘 App 发布直播预告短视频。

淘宝发布直播预告操作

抖音、快手等短视频平台也可以发布直播预告，如抖音可直播公告，快手可直播预告。发布后即可展示在账号的个人主页。另外，当主播形成固定的直播开播时间后，可以在直播账号的个人简介中输入直播的预告时间进行直播预热，如“每周二、周四、周六晚 8 点准时开播，敬请期待！”。

（2）站外直播预热引流

站外直播预热引流是指在微博、微信、小红书等第三方社交娱乐平台上发布直播预告文案、海报、视频等，以进一步扩大营销的范围和影响力。

活动实施

行业观察　分析知名带货主播的主播预告信息。

以小组为单位，利用互联网手段，选择 3 个近期有直播的知名带货主播，分析他们的直播预告渠道、预告发布时间及发布形式，完成表 3.1.3。

表 3.1.3　直播预告信息采集表

序号	主播	直播平台	直播时间	预告渠道	预告发布时间	预告发布形式
1						
2						
3						

技能初探　为乌酥杨梅设计“618 购物节”直播活动的标题及封面。

步骤 1：按照标题设计方法再拟出 3 个标题，填入表 3.1.4 中，在小组内讨论并选出最优的标题。

表 3.1.4　设计直播标题

序号	标题
1	“618 购物节”特惠！乌酥杨梅 5 折起（借助热点）
2	乌酥杨梅来啦，错过再等一年！（制造紧迫感）
3	
4	
5	

步骤 2：使用图片处理工具或在线图片生成工具（如图怪兽、创客贴、美图秀秀等）制作直播封面图，大小为 750 px×750 px 的正方形图片，并加入活动主题“618 购物节”文案。完成后，组内互评，评分标准见表 3.1.5。

表 3.1.5　直播封面图评分标准

序号	标准	分数	得分
1	主体突出，内容完整，具有吸引力	30	
2	商品摆放整洁，构图讲究	10	
3	文案处理得当，与主题相符	30	
4	背景颜色符合直播主题	20	
5	大小比例正确，图片清晰，不变形	10	

小试牛刀　为乌酥杨梅“618 购物节”的直播活动进行多渠道宣传。

步骤 1：确定直播的时间、主推商品、直播主题、直播促销活动等信息，填写表 3.1.6。

表 3.1.6　直播相关信息汇总

直播时间	主推商品	直播主题	直播促销活动

步骤 2：列出可以进行直播预热宣传的渠道。

____

步骤 3：分析整理出不同渠道所能采用的直播预热形式，并完成表 3.1.7。

表 3.1.7　不同渠道的直播预热发布形式

渠道	发布形式

步骤 4：选择一个渠道发布预告，如登录微博进行预告。按照直播预热文案的设计技巧，为本次直播设计一条宣传文案。

____

____

步骤 5：运用商品素材设计预热海报，拍摄预热短视频。

____

步骤 6：运用设计的直播预热素材，发布一条微博，可带上话题，单击发送，如图 3.1.4 所示。

图 3.1.4　微博发布带话题的直播预告

知识拓展

诚信经营无欺诈　拒做浮夸标题党

直播标题的设计一定要遵守平台规则，合法合规。设计标题时要实事求是，切忌过度夸张，不能为了博眼球吸引用户"挂羊头卖狗肉"，欺骗用户。在标题的设计中一般不使用极限词汇及虚假促销信息，如"全网最低""绝无仅有""销量冠军""倒闭清仓"等。在借助热点话题设计标题时要避免敏感、低俗信息。

活动 2　明确直播带货流程

活动背景

三播要顺利执行一场直播活动，就要了解如何开展直播，以及直播带货中的流程是怎么样的。李丽及其团队成员还需要学习直播带货流程，为正式直播作好准备。

课前引入

如果要为一场直播活动制订出直播带货流程，需要考虑哪些内容？

____

____

知识窗

1. 直播带货流程

直播带货活动的执行可以分解为以下 3 个流程：

①直播开场：通过开场互动了解本场直播的主题、内容等，使用户对本场直播产生兴趣，并停留在直播间。

②直播过程：借助营销话术、发红包、发优惠券、才艺表演等方式，进一步加深用户对本场直播的兴趣，让用户长时间停留在直播间，并产生购买行为。

③直播收尾：向用户表示感谢，并预告下一场直播的内容，引导用户关注直播间，将普通用户转化为直播间的忠实粉丝；引导用户在其他媒体平台上分享本场直播或本场直播中推荐的商品。

正式直播时需细化到小的环节，细化直播带货流程，能够让主播在直播中有条不紊，直播团队其余成员能够充分地配合，有助于顺利开展直播活动，一般直播带货流程包括 5 个环节，如图 3.1.5 所示。

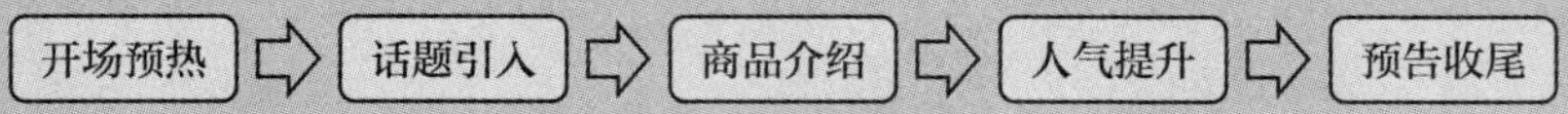

图 3.1.5　直播带货环节图

直播时长并不是固定的，不同的主播对环节的安排有所不同，表 3.1.8 为一场时长为 3 h 的直播带货活动流程规划表。

表 3.1.8　直播带货流程表

流程	环节	流程说明	预计耗时 /min
直播开场	开场预热	打招呼、主播介绍、暖场互动、直播主题、福利活动	10
	话题引入	结合主题或热点事件切入、活跃气氛	20
直播过程	商品介绍	介绍商品（卖点、优惠、数量等），引导成交	120
	人气提升	弹幕互动、引导关注、福利抽奖、红包活动、促单	15
直播收尾	预告收尾	催付、致谢、引导关注、下期直播预告	15

2. 商品介绍流程

在直播电商中，主播在介绍商品时经常采用的流程主要有两种，即“过款式”流程和“循环式”流程。

（1）“过款式”流程

“过款式”流程是指主播在直播中按照一定的顺序一款一款地讲解直播间里的商品。表 3.1.9 为一场时长为 2 h 的“过款式”流程示例。

表 3.1.9　“过款式”流程示例

时间安排	直播内容
16：00—16：10	热场互动
16：10—16：30	介绍本场直播第一款商品
16：30—16：50	介绍本场直播第二款商品
16：50—17：00	活动环节、与用户互动环节
17：00—17：20	介绍本场直播第三款商品
17：20—17：40	介绍本场直播第四款商品
17：40—18：00	将本场直播中所有商品快速地介绍一遍

（2）“循环式”流程

“循环式”流程是指主播在直播中循环介绍直播间里的商品。假如一场直播中主播要推荐 4 款商品，那么主播可以以 30~40 min 为一个周期，将 4 款商品在一场 2 h 的直播里循环 3~4 遍。表 3.1.10 为一场时长为 130 min 的“循环式”流程示例。

表 3.1.10　“循环式”流程示例

时间安排	直播内容
16：00—16：10	热场互动
16：10—16：40	介绍本场直播中的三款主推款商品
16：40—16：50	介绍本场直播中的一款“宠粉款”商品
16：50—17：20	介绍本场直播中的三款主推款商品（第一次循环）
17：20—17：30	介绍本场直播中的一款“宠粉款”商品（第一次循环）
17：30—17：50	介绍本场直播中的三款主推款商品（第二次循环）
17：50—18：10	介绍本场直播中的一款“宠粉款”商品（第二次循环）

活动实施

行业观察　知名主播直播时长。

步骤 1：4 人为一组，浏览查询各大知名主播的带货直播信息。

步骤 2：对比各主播的直播信息，整理其直播时长，完成表 3.1.11，分析直播开始时间是否影响整场直播时长。

表 3.1.11 整场直播时长统计表

主播名称	品类	直播开始时间	直播时长 /h

技能初探 分析直播带货流程。

步骤 1：4 人为一组，在直播平台中选择一场知名主播的直播活动，认真回看整场直播活动。

步骤 2：分析直播活动的环节安排，完成表 3.1.12 直播活动分析表。

表 3.1.12 直播活动分析表

<table>
<tr><td colspan="6">一、基本情况</td></tr>
<tr><td>名称</td><td></td><td>直播时长</td><td></td><td>商品数及类目</td><td></td></tr>
<tr><td colspan="6">二、直播流程分析</td></tr>
<tr><td>流程</td><td colspan="2">时间安排</td><td colspan="2">环节</td><td>直播内容</td></tr>
<tr><td rowspan="3">直播开场</td><td colspan="2"></td><td colspan="2"></td><td></td></tr>
<tr><td colspan="2"></td><td colspan="2"></td><td></td></tr>
<tr><td colspan="2"></td><td colspan="2"></td><td></td></tr>
<tr><td rowspan="3">直播过程</td><td colspan="2"></td><td colspan="2"></td><td></td></tr>
<tr><td colspan="2"></td><td colspan="2"></td><td></td></tr>
<tr><td colspan="2"></td><td colspan="2"></td><td></td></tr>
<tr><td rowspan="3">直播收尾</td><td colspan="2"></td><td colspan="2"></td><td></td></tr>
<tr><td colspan="2"></td><td colspan="2"></td><td></td></tr>
<tr><td colspan="2"></td><td colspan="2"></td><td></td></tr>
<tr><td colspan="6">三、整场直播的亮点分析</td></tr>
<tr><td colspan="6"></td></tr>
</table>

知识拓展

共享直播经济、助力乡村振兴

“直播带货”的快速发展，催生了网店微商、农民博主等就业岗位，成为农村创业的一个重要方式。通过电商直播平台等渠道，将本地的特色商品、自然风光、文化旅游资源及时、清晰、准确地对接全国大市场，拉近与各地消费者之间的距离，带动乡村土特产、乡村旅游、餐饮及民宿等产业的发展，让农民共享“直播经济”的红利，进一步扩大助农成果，助力乡村振兴。

甘肃女青年“青春助农”直播带货助力乡村振兴

活动 3　复盘直播电商效果

活动背景

林老师告诉李丽，直播的结束并不是一场直播活动的终结，还需要进行直播复盘，通过直播复盘，能够发现直播过程中存在的问题，从而查漏补缺，不断优化改进直播过程及直播策略。于是李丽开始学习直播复盘的内容及流程。

课前引入

观看一场直播，假如你是直播团队的一员，请对这场直播进行简单的复盘，分析该场直播存在的问题，并提出改进建议。

____

____

知识窗

直播复盘，是指在直播活动结束后，主播及团队成员回顾整个直播过程，整理、分析相关的直播数据，总结直播过程中做得好与不好之处及改进措施，从而积累经验，优化后续直播活动，达到更好的直播效果。

1. 直播复盘的流程

直播复盘可遵循发现问题、分析问题、解决问题、调整方案的基本思路，分为 4 个流程来进行，如图 3.1.6 所示。

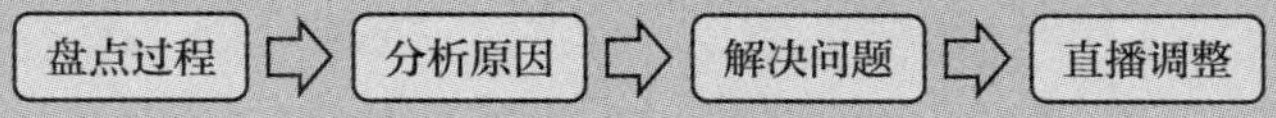

图 3.1.6　直播复盘流程图

①盘点过程：对照直播预期目标，盘点直播的整个过程，发现直播活动存在的问题。具体可盘点团队成员直播中的表现、分析直播数据，如某款商品的销量只完成了预期目标的 50%。

②分析原因：发现直播活动中存在的问题后，要找到问题产生的原因，并进行分析。例如，整场直播的流量高，互动效果一般，但商品转化率低，就要分析商品是否具有吸引力，直播互动是否存在不足，主播带货是否专业等。

③解决问题：分析出问题产生的原因后，就可以针对性地提出解决问题的方案。例如，针对主播经验不足的问题，可以通过培训提升主播的商品讲解能力、话术表达的感染力和亲和力，提前做好直播脚本和话术的准备工作等。

④直播调整：将提出的解决方案应用到下一场直播中，检验解决方案是否有效，从而不断提高直播质量和直播效果。

友情提示：直播结束后直播的视频、复盘的数据、团队总结的问题、注意事项，都应保留下来，一是存盘后便于以后再次复盘；二是处理一些有争议的售后问题时，可以使用视频回放截图；三是剪辑直播片段，制作成短视频，进行二次直播宣传，让直播的效果得以延续。

2. 直播复盘的主要内容

在直播复盘过程中，直播团队复盘的主要内容涉及流程复盘和数据复盘两个方面：

①流程复盘：回顾直播流程，总结直播过程中团队成员存在的问题，包括团队成员工作情况、团队配合情况等。例如，主播是否充分了解商品卖点，助播弹幕问题回复是否及时，场控与主播、助播配合是否到位等。

②数据复盘：分析直播数据，复盘相应内容。数据复盘可以分为产品复盘、流量复盘等。直播数据主要有4类，包括产品转化数据，流量数据、互动数据、用户画像数据，具体见表3.1.13。

表3.1.13 直播数据的类型

类型	说明
用户画像数据	观看用户的相关数据，包括性别分布、年龄分布、地域分布、来源等
流量数据	与用户的观看行为有关的数据，如观看人数、新增用户数、平均观看时长等
互动数据	与用户互动相关的数据，如累计点赞数、累计评论数、互动率、弹幕总数等
转化数据	包括引导转化数据和直播带货数据，如商品点击次数、销售额、客单价等

要分析直播数据，首先要采集数据，然后进行数据整理和计算，最后分析数据并得出分析结论。

直播数据分析的基本步骤

活动实施

实战演练　复盘直播电商效果。

步骤1：4人为一组，在直播平台中选择一场电商直播活动，认真回看整场直播活动。

步骤2：根据流程复盘的内容，完成表3.1.14。

表3.1.14 直播流程复盘计划表

内容	要点	存在的问题	改进计划
流程复盘			

直通职场　直播电商数据分析复盘。

步骤1：4人为一组，利用第三方数据工具，如蝉妈妈、飞瓜数据等，查看一场知名主播的电商直播活动的直播数据。

步骤2：从用户画像、流量、用户互动和商品转化等方面分析其直播数据，并完成表3.1.15。

表 3.1.15　直播情况表

<table>
<tr><td>主播</td><td></td><td>直播商品</td><td></td><td>直播时间</td><td></td></tr>
<tr><td>数据指标</td><td colspan="2">关联因素</td><td colspan="2">问题记录</td><td>复盘结论</td></tr>
<tr><td rowspan="3">用户画像</td><td colspan="2"></td><td colspan="2"></td><td></td></tr>
<tr><td colspan="2"></td><td colspan="2"></td><td></td></tr>
<tr><td colspan="2"></td><td colspan="2"></td><td></td></tr>
<tr><td rowspan="3">流量</td><td colspan="2"></td><td colspan="2"></td><td></td></tr>
<tr><td colspan="2"></td><td colspan="2"></td><td></td></tr>
<tr><td colspan="2"></td><td colspan="2"></td><td></td></tr>
<tr><td rowspan="3">互动</td><td colspan="2"></td><td colspan="2"></td><td></td></tr>
<tr><td colspan="2"></td><td colspan="2"></td><td></td></tr>
<tr><td colspan="2"></td><td colspan="2"></td><td></td></tr>
<tr><td rowspan="3">商品转化</td><td colspan="2"></td><td colspan="2"></td><td></td></tr>
<tr><td colspan="2"></td><td colspan="2"></td><td></td></tr>
<tr><td colspan="2"></td><td colspan="2"></td><td></td></tr>
</table>

知识拓展

职业操守要坚守、复盘数据要保密

新兴行业不断崛起，直播后台数据不仅是企业经营收入的直接体现，还反映了不同时刻的交互场景，供企业用于分析运营效果、用户画像，从而调整平台经营策略，提升用户流量和黏性，获得稳定、持续并不断增长的经营收益，为其带来竞争优势。数字经济时代，数据成为经营者重要的生产要素。最高人民法院《关于审理侵犯商业秘密民事案件适用法律若干问题的规定》第一条将“数据”列为经营信息的一种，给企业提供了从商业秘密的角度保护数据的新思路。作为直播人员要坚守职业操守，勿编造数据，强调数据的真实性、可靠性，养成尊重数据、务实严谨的科学态度，更要保护直播数据，避免构成侵犯商业秘密。

直播平台员工盗公司数据“刷奖”法院判定构成侵犯商业秘密

任务2
制订直播方案策划

情境设计

经过前期的学习，李丽组建了直播团队，基本理清了直播电商的流程。距离“618 购物节”仅有一个月的时间，林老师指导李丽，在直播营销活动开始前，直播团队还需要制订合理的直播方案，以准确传达直播运营和营销的思路，确保直播营销活动能顺畅进行。

任务分解

一次成功的直播活动需要一个完善的直播方案，于是李丽及其团队成员决定在进行直播之前，先掌握直播方案策划要点，然后根据要点制订直播项目方案。

活动1　掌握直播方案策划要点

活动背景

李丽及其团队成员在林老师的指导下开始深入学习直播方案，了解直播方案的作用，掌握直播方案策划的要点。

课前引入

撰写一个直播活动策划方案应该从哪些方面进行考虑？

____

____

知识窗

开展直播活动要有完整的直播营销思路，而直播营销思路是抽象的，直播团队需要将抽象的思路转换为具体的方案，便于参与直播的所有人员既能了解整体思路，又能明确每项任务分工。

直播方案用于直播团队的内部沟通，内容应简明扼要，直达主题。完整的直播方案主要包括直播目标、直播简述、人员分工、时间节点、直播预算五大要素。

1. 直播目标

直播方案需要传达直播目标，确定直播目标是为了让直播更有针对性、有效性，避免无端浪费时间和精力，提升直播的效果。根据 SMART 原则，直播目标需要满足具体、可衡量、可实现、相关性、有时限 5 个要素，这样才能达到直播的最佳效果，具体见表 3.2.1。

表 3.2.1　SMART 原则的内容

要素	说明
具体	目标应该紧密贴合特定的具体工作指标，不能太笼统，如提高品牌官方微信公众号的粉丝数量
可衡量	目标应该是数量化或行为化的，可以进行衡量。例如，“实现 10 万元的销售额”就是可衡量的目标
可实现	目标要客观，是直播团队通过努力可以实现的，应避免设立过高或过低的目标。例如，上一次直播有 2 万人观看，此次直播目标设定为“50 万人观看”就是不可实现的，而“5 万人观看”相对合理，是可实现的
相关性	是指目标要与直播团队的其他目标有关联。例如，“店铺流量增加 50%”这个目标符合相关性，而“商品的合格率提高至 98%”的目标与直播活动无关
有时限	是指直播团队完成目标要有特定的期限，避免目标的实现被拖延，如直播开始后 24 h 内新品销量突破 1 万件

2. 直播简述

直播简述是对直播整体思路的简要描述，说明直播形式（如商家自播、邀请知名人物进行专场直播或与达人主播合作）、直播平台、直播时间、直播主题、直播商品等。

撰写直播简述的关键点在于设计直播主题。直播主题是直播的核心内容，整场直播的内容都是围绕中心主题进行拓展。如果内容与主题不符，顾客进来后不能获取自己想要的信息，那么就容易造成顾客的流失。主题的确定不仅有利于直播团队围绕主题进行整场直播内容拓展和活动策划，同时可以让粉丝知道自己在这场直播里能看到什么、获得什么，提前引起粉丝的兴趣。

直播主题的确定可以从以下 3 个方面考虑：

（1）结合直播目的设计直播主题

直播的目的通常有新品上市、清仓促销、日常促销、回馈客户、粉丝拉新、传递信任、传递品牌等。很多直播主题的确定与直播目的相关，如“荣耀 30 系列新品线上发布会”“年度品牌羽线服清仓”“生活 VIP 节”“面部彩妆小课堂来咯”等。

（2）结合直播的时间节点设计直播主题

重要的时间节点，如节日、季节、纪念日、电商平台大促时间点等，可以作为直播主题；又如“88 会员爆品福利日”“99 大促爆发抢爆款”（99 大促是淘宝 9 月 9 日的平台活动）“双十一狂欢错过等一年”“双旦提前购”等。

（3）结合时政热点设计直播主题

直播主题与时下热点相结合能够增加主播直播内容的曝光度，为直播引流。主播应该如何结合时下热点设计直播主题呢？ 第一，每一个热点都有其背后的思想内容，主播要总结热点背后隐藏的“干货”，将热点事件与直播内容相结合，使其成为直播内容的亮点；第二，即使热点事件的讨论热潮已过去，但这件事对人们造成的影响会持续一段时间，主播要充分利用这段后续影响期开发热点的周边事件，实现二次引流。

友情提示：尽管结合时下热点设计直播主题会给主播带来很多好处，但是主播要选择合适的热点与自己的直播相结合。如果时下热点与主播所推销产品的相关度不高，或者主播将两者结合得不恰当，就会让消费者认为主播是在“蹭热度”，这对主播的直播宣传和产品销售都是不利的。

3. 人员分工

为了确保直播活动的顺利开展，应明确各直播人员的职责，大型直播则需要对团队所有成员进行分组管理，并明确各组的工作内容。例如，直播团队在直播前，为了宣传直播间和预告直播信息，需要设置“宣传组”；为了确保直播时所需的各种道具准备妥当，需要设置“道具组”等，具体小组分工见表 3.2.2。

表 3.2.2　小组分工说明表

小组	负责人	成员	小组工作内容
宣传组	×××	运营团队成员	负责站内外宣传渠道的直播预告和直播后的图文、视频宣传等
道具组	×××	助理、场控、客服	负责直播前的直播间道具准备和直播后的道具整理等
摄制组	×××	拍摄、剪辑人员	负责直播间的拍摄器材准备与调试、预告视频拍摄剪辑、直播中的拍摄和直播后的宣传视频剪辑等
主播组	×××	主播、助播	负责直播间活动的主持、商品的介绍与展示等
商品组	×××	助理、场控、客服	负责直播间的样品准备和传递、直播后的样品整理等

4. 时间节点

直播的时间节点主要为整场直播活动的各个环节的时间节点，包括直播前期筹备时间、直播预热时间、直播开始时间、直播结束时间、直播复盘时间以及各项目组任务完成的时间节点等，便于直播团队所有成员对直播有一个整体的印象，实时跟进直播活动。

5. 直播预算

直播预算是指说明整场直播的预算情况，如直播硬件费用：添加话筒与专业声卡等设备，共计 500 元。对直播各环节进行预算估计，便于商家合理控制成本。

一般情况下，一场直播活动主要有以下 3 个方面的费用投入：

①基础投入：手机、计算机、摄像头、话筒、声卡等直播硬件费用，直播间道具费用，直播团队薪酬，直播场地搭建费用等。

②直播福利：直播中的福利活动，如红包派送、优惠券发放、实物礼品赠送等。

③直播宣传：直播前后各个宣传渠道的引流推广费用、维护费用、宣传物料的制作费用等。

活动实施

行业观察　分析直播方案策划要点。

利用互联网，收集一个成功的直播方案，分析方案要点内容。

____

____

小试牛刀　设计直播主题。

按照直播主题设计方法为以下活动设计直播主题，填入表 3.2.3 中。4 人为一组，小组讨论，并选出最佳主题。

表 3.2.3　直播主题设计

活动	直播主题
某“网络红人”直播如何化面试妆容	
烹饪专业的学生直播做菜	
大学生放假回乡直播卖苹果	
服装工厂直播卖羽绒服	

知识拓展

直播电商要筑牢诚信基石

“诚信”是社会主义核心价值观的内容之一，也是所有商业关系能够长久维持的基础。直播电商中，主播团队不仅与商家存在合作关系，还是客户信任的共同承载体。直播团队应时时筑牢诚信基石，如有用户投诉，应立即查证，如实公开结果、诚恳道歉，勇于承担责任，同时进行内部整改，完善直播电商各环节管理，营造良好的网络购物环境。

活动 2　设计直播项目方案

活动背景

通过前期的学习，李丽对直播方案策划要点有了一定的认识，知道为什么要进行方案策划，方案策划包含哪些要点，有什么要求。接下来，李丽需要根据方案要点设计直播项目方案。

课前引入

案例分析

某电器企业董事长在 2020 年 4 月开启了直播带货，首次直播，准备不足，直播间接连出现卡断、重声、没声音等情况。据不完全统计，在 1 h 直播时长里，至少出现 5 次长时间的卡断。每次卡断都造成直播间观看人数大幅度下降，直到直播结束，卡断的情况并没有得到改善。

直播首秀成绩不佳：直播累计观看人数 431 万，在线人数峰值 21.63 万，商品销售额仅 22.53 万元，销量最高的充电宝仅销售 121 台，部分商品的销量为个位数。

此下案例为某企业的直播首秀，请问：

①案例中该董事长直播带货“叫好不叫座”的原因是什么？

____

____

②在直播之前，特别是第一次直播之前制订直播项目方案的意义是什么？

____

____

知识窗

1. 市场调研

充分且精准的市场调研是直播策划方案最基础的一个步骤，只有先做好市场调研，调查大众的需求，了解同类产品的优势和不足，避免同质化的竞争，这样才能为直播确定一个好的方向，才能保证后续工作的顺利进行。

2. 确定直播形式

直播营销具有场景真实的特点，为了吸引用户观看直播，直播运营团队需要根据实际情况选择比较具有看点的直播营销形式。具体来说，常见的直播营销形式有以下 3 种：

（1）商品分享式直播

商品分享式直播就是主播在直播间里向用户分享和推荐商品，或者由用户在直播间的评论区留言，告诉主播自己需要的商品，然后主播按照用户的需求推荐并讲解相应的商品，整个直播的内容就是主播讲解并展示商品。

（2）产地直销式直播

产地直销式直播是指主播在商品的原产地、生产车间等场景进行直播，直接向用户展示商品真实的生产环境、生产过程，从而吸引用户购买。

（3）基地走播式直播

基地走播式直播是指主播到直播基地进行直播。直播基地搭建的直播间和配置的直播设备大多比较高档，直播画面及效果比较好。直播基地由专业的直播机构建立，能够为主播提供直播间、商品等服务，供应链完善，商品款式丰富。

除了上述 3 种直播形式，常见的直播营销形式还有砍价式直播、秒杀式直播、教学培训式直播、现场制作并体验式直播、才艺表演式直播、开箱测评式直播、访谈式直播、海淘现场直播等，不同的直播形式都是为了更细致地展示商品，提升用户对商品的信任度。

3. 策划直播内容

优质的标题和封面可以吸引更多人进入直播间，但是要让观众留下来，需要直播间持续产出优质的直播内容。直播内容要求紧扣直播主题，符合法律法规和直播平台规则，符合品牌价值观和主播人设。直播内容的选材，可从以下 4 个方面来考虑：

①能够引起共鸣的话题：如大众生活息息相关的，具有地域性或共同群体相关性的，激发情感共鸣、唤醒共同记忆的。

②能够激发好奇心的话题：如与观众普遍认知相违背的，或观众普遍听说过但没有亲身经历过的。

③能够激发观众向往的话题：如长时间忙碌工作的人对休闲的田园生活的向往；长时间居家的人对旅游的向往；带孩子的宝妈对自由工作时间的向往等。

④垂直内容知识传递话题：用户可以获知到有用的信息、技巧或专业的知识，如汽车的保养维护、婴儿护理知识、护肤知识、化妆技巧等。

4. 规划直播筹备流程

在直播之前，直播运营团队需要事先做好充足的直播规划，不能临近开播才去考虑直播主题如何设置、直播场景如何搭建、相关优惠活动如何设置、直播人员如何配置等问题，这样容易出现人员职责不清，相关细节考虑不周等问题。

5. 合理设计直播方案

前 4 个步骤都是为更好地完成直播方案作铺垫。根据直播形式、直播内容及筹备流程，结合直播主题、直播目标与团队分工，即可设计直播项目方案（表 3.2.4）。

表 3.2.4　直播项目方案样表

<table>
<tr><th colspan="6">直播项目方案</th></tr>
<tr><td>直播目标</td><td colspan="5"></td></tr>
<tr><td rowspan="5">直播简述</td><td>直播主题</td><td colspan="4"></td></tr>
<tr><td>直播平台</td><td colspan="4"></td></tr>
<tr><td>直播形式</td><td colspan="4"></td></tr>
<tr><td>直播商品</td><td colspan="4"></td></tr>
<tr><td>直播场地</td><td colspan="4"></td></tr>
<tr><td rowspan="16">人员分工</td><td>阶段</td><td>具体工作</td><td>负责人</td><td>成员</td><td>计划时间</td></tr>
<tr><td rowspan="5">前期筹备</td><td>确认直播间商品组合</td><td></td><td></td><td></td></tr>
<tr><td>确定直播流程，设计直播脚本</td><td></td><td></td><td></td></tr>
<tr><td>确定预热渠道，制作直播宣传推广物料</td><td></td><td></td><td></td></tr>
<tr><td>准备直播道具、样品</td><td></td><td></td><td></td></tr>
<tr><td>准备及检查拍摄器材</td><td></td><td></td><td></td></tr>
<tr><td rowspan="3">直播现场</td><td>布置场地，调整灯光，确认最佳拍摄效果</td><td></td><td></td><td></td></tr>
<tr><td>调试设备，检查网速</td><td></td><td></td><td></td></tr>
<tr><td>直播现场人员分工及就位</td><td></td><td></td><td></td></tr>
<tr><td>直播进行时</td><td>根据直播脚本，各司其职</td><td></td><td></td><td></td></tr>
<tr><td rowspan="6">直播结束后</td><td>清点整理道具、样品</td><td></td><td></td><td></td></tr>
<tr><td>整理直播间设备</td><td></td><td></td><td></td></tr>
<tr><td>提取直播数据</td><td></td><td></td><td></td></tr>
<tr><td>直播复盘</td><td></td><td></td><td></td></tr>
<tr><td>剪辑直播视频</td><td></td><td></td><td></td></tr>
<tr><td>制作相关图文进行宣传</td><td></td><td></td><td></td></tr>
<tr><td rowspan="3">费用预算</td><td colspan="5">基础费用：</td></tr>
<tr><td colspan="5">福利费用：</td></tr>
<tr><td colspan="5">宣传费用：</td></tr>
</table>

友情提示：方案形式不统一，可以是表格形式，也可以是文字形式。由于直播项目方案一般用于企业内部沟通，目的是用最精练的语言让直播相关的所有人员熟悉活动流程及分工，因此没必要在时代背景、营销理念、实施意义等宏观层面花过多的笔墨，方案既要简要，也要准确全面，以便让所有参与的成员都明了任务要求，才能更好地完成直播前、中、后的各项任务，从而实现直播目的。

活动实施

实战演练　设计直播项目方案。

背景：某化妆品品牌计划在 3 月 8 日进行一场直播活动，产品包含该品牌的新品和经典产品共 50 余款。主推某新生代明星代言的草本系列新品，但是这个系列产品优惠力度并不大。公司配套了一款经典洗面奶和部分面膜做限时秒杀活动。

步骤 1：以小组为单位，利用直播平台搜集并进入化妆品的直播间了解直播内容。

步骤 2：根据直播方案各要素的要点分析，小组讨论确定直播目标、直播简述、时间节点、人员分工、直播预算等内容。

步骤 3：小组成员根据表 3.2.4 对方案进行模块分工。

步骤 4：整合直播方案，并完成表 3.2.5，小组成员讨论并进行修改。

步骤 5：小组根据表 3.2.5，制作直播方案 PPT，选出小组代表进行汇报展示。

表 3.2.5　直播项目方案

<table>
<tr><th colspan="6">直播项目方案</th></tr>
<tr><td>直播目标</td><td colspan="5"></td></tr>
<tr><td rowspan="5">直播简述</td><td>直播主题</td><td colspan="4"></td></tr>
<tr><td>直播平台</td><td colspan="4"></td></tr>
<tr><td>直播形式</td><td colspan="4"></td></tr>
<tr><td>直播商品</td><td colspan="4"></td></tr>
<tr><td>直播场地</td><td colspan="4"></td></tr>
<tr><td rowspan="5">人员分工
及时间安排</td><td>阶段</td><td>具体工作</td><td>负责人</td><td>成员</td><td>计划时间</td></tr>
<tr><td>前期筹备</td><td></td><td></td><td></td><td></td></tr>
<tr><td>直播现场</td><td></td><td></td><td></td><td></td></tr>
<tr><td>直播进行时</td><td></td><td></td><td></td><td></td></tr>
<tr><td>直播结束后</td><td></td><td></td><td></td><td></td></tr>
<tr><td>费用预算</td><td colspan="5"></td></tr>
</table>

知识拓展

直播电商要规范，拒绝不正当竞争

为促进直播电商规范、健康发展，我国出台了许多与互联网直播相关的法规。无论是达人主播还是商家，要想在直播电商行业长久发展，都应当遵守法律法规、平台规则等，保障直播商品质量、规范直播宣传行为，依法履行消费者保障义务，拒绝虚假宣传、诋毁竞争对手的商品从而侵犯其他经营者等不正当竞争行为。

淘宝直播新增不正当竞争违规处理情形

合作实训

为了更好地理解和掌握电商直播的基本流程，我们将进行下述实训操作：

实训背景： 云洱茶轩是一家专业销售普洱茶的公司，现推出一款名为“云洱”的自有优质普洱熟茶产品。中秋、国庆双节将至，该公司决定 2022 年 10 月 1 日 19：00—23：00 在抖音平台上进行首次直播，打造云洱产品。此次直播的重点是产品上新与中秋、国庆的双节优惠，优惠活动有 3 个亮点：一是新品云洱的优惠，该产品原价 199 元，中秋上新直播价为 99 元；二是中秋、国庆双节加购第二件 3 折；三是进入直播间的用户关注主播即可领取一张 10 元的优惠券，分享直播间可参与抽奖，中奖者可免费领取茶具一套。在直播前，需要制订直播方案，落实各个时间节点需完成的事情；进行直播预热宣传，以达到直播引流；确定直播基本流程，使后期直播能够顺利展开。

实训描述： 本次实训要求根据产品，结合双节优惠活动，设计直播主题和内容，策划直播项目方案，设计直播预热方案，规划出完整的直播活动流程。

实训步骤： 回顾本任务所学知识并按照以下的步骤进行实训：

①梳理思路，根据实训背景，分析了解直播商品、目标、方式等。

②制作直播方案。

③结合实训背景，策划预热方案，并以表格的方式列出直播预热方案，完成表 3.2.6。

表 3.2.6　云洱直播预热方案

预热方式	预告渠道	预告发布形式	预告发布时间

④发布直播预告。

a. 撰写直播宣传文案。

在为本场直播撰写宣传文案时，除了写出直播时间、优惠信息，还可以言简意赅地阐述产品利益点，以吸引用户的注意。参考宣传文案如下：

中秋、国庆双节同庆，请查收来自云南洱海旁的优质普洱，云洱新品上市，原价 199 元，现价 99 元，更有第二件半价优惠。2022 年 10 月 1 日 19 : 00，云洱专场直播，关注主播，优惠享不停！分享直播间，更有机会获得精美茶具一套！锁定 ×× 直播间，要你“好看”！

b. 利用美图秀秀官网海报模板（或其他图片编辑工具）在线设计宣传海报，如图 3.2.1 所示，利用模板设计好海报后，下载海报，并传输至手机。

图 3.2.1　选择“海报设计”选项

c. 将直播宣传文案和宣传海报发布到朋友圈。

⑤规划直播流程。

分析直播优惠活动及时间，结合人员分工对整个直播过程进行规划，将直播流程内的细致说明填写在表 3.2.7 中。

表 3.2.7　直播流程规划表

时间段	流程规划	人员分工		
		主播讲解	助理工作	场控 / 客服
19 : 00—19 : 05	开场预热			

实训评价：同学们完成实训操作后，提交直播项目方案、预热方案、宣传海报图片以及在朋友圈发布的直播预告的截图。教师根据提交成果，按表 3.2.8 的内容进行打分。

表 3.2.8　实训评价

序号	评分内容	总分	教师打分	教师点评
1	直播主题是否有吸引力	10		
2	人员分工及时间安排是否明确合理	30		
3	直播预算是否合理	10		
4	是否能设计直播预热方案	20		
5	是否能完成直播预告的发布	10		
6	是否能规划直播活动流程	20		

总分：____________

项目小结

通过本项目的学习，同学们理清了直播电商的基本流程，掌握了直播预热方法、直播带货流程、直播复盘的内容及直播项目方案的策划要点。通过本项目的活动实施及实训练习让同学们初步了解直播电商文案策划岗位的能力要求，增强了团队合作意识，培养了社会责任意识，弘扬了正向的价值观。

项目检测

1. **判断题**（正确的打"√"，错误的打"×"）

（1）直播营销的目的在于产品销售，要专心介绍产品，不要做与产品无关的事情。（　　）

（2）新人直播前要提前规划好直播流程，有经验的主播则不需要提前规划流程。（　　）

（3）复盘总结的主要意义是帮助下一次直播优化改进。（　　）

（4）直播时间到了就准时开播，不能早也不能晚。（　　）

（5）一般直播前两天就要进行直播预告。（　　）

2. **单项选择题**（每题只有一个正确答案，请将正确答案填在括号后）

（1）产品介绍的最后环节是（　　）。

A. 产品预告　　B. 产品剧透　　C. 单品介绍　　D. 热销返场

（2）下面哪种直播预热方式成本更低，更易操作。（　　）

A. 事件预热　　B. 素材预热　　C. 投放电视广告　　D. 投放户外广告

（3）以下不是直播用户指标的是（　　）。

A. 累计粉丝数　　B. 粉丝回访率　　C. 封面点击率　　D. 直播间新增粉丝数

（4）数据分析首先要（　　）。

A. 采集数据　　B. 统计数据　　C. 计算数据　　D. 分析数据

（5）为了让直播取得更优效果，直播的时间段建议要（　　）。

A. 灵活多变　　B. 相对固定　　C. 早晚轮播　　D. 定时改变

3. 多项选择题（每题有两个或两个以上的正确答案，请将正确答案填在括号后）

（1）直播预热素材主要包括（　　）。

A. 预告文案　　B. 预热海报　　C. 预热视频　　D. 时事新闻

（2）电商直播带货流程主要包括（　　）。

A. 开场预热　　B. 产品介绍　　C. 粉丝互动　　D. 预告收尾

（3）直播预热渠道有（　　）。

A. 微信朋友圈　　B. 微博　　C.QQ 群　　D. 抖音

（4）习惯以图文形式发布直播预告的渠道有（　　）。

A. 短视频平台　　B. 微博　　C. 微信公众号　　D. 电商平台

（5）直播复盘数据分析主要指标有（　　）。

A. 观看量　　B. 销售额　　C. 转粉率　　D. 转化率

4. 简答题

（1）简述常见的直播预热宣传渠道。

（2）简述常见的直播带货流程。

（3）简述直播复盘的要点及意义。

项目 4
筹备直播电商工作：实施直播电商活动的前提

项目综述

通过项目3的学习，李丽熟悉了直播电商的基本流程，并且学会了策划直播方案，她对进入直播电商有了更坚定的想法和信心。于是，李丽动员直播团队成员，准备开展一场直播。

为了能够顺利地开展直播，李丽向林老师请教。经过学习，李丽了解到要成功开展一场电商直播，除了要懂得直播的流程，提前策划好方案，还要在直播前做好充分的准备工作，如选择合适的产品、确定合理的价格、直播间商品陈列、商品卖点挖掘、直播间福利活动设置以及直播脚本策划等。接下来，让我们走进项目4，和李丽一起筹备一场电商直播活动。

项目目标

通过本项目的学习，应达到的具体目标如下：

知识目标

◇掌握选品的基本原则和策略。
◇掌握直播间商品定价的策略。
◇掌握直播间商品规划和陈列的基本思路和方法。
◇掌握挖掘商品卖点的策略。
◇熟悉常见的直播间福利活动。
◇知道直播脚本的基本要素。

能力目标

◇能够利用不同的渠道进行选品。
◇能够对商品进行合理定价。
◇能够规划直播间商品结构并陈列商品。
◇能够提炼不同品类商品的卖点。
◇能够设置直播间福利活动。
◇能够策划直播活动脚本。
◇提高学生的数据分析能力、自主学习能力。

素质目标

◇提高学生团队合作意识。

◇树立法律意识，不销售劣质、违规商品，不发布虚假信息，不欺骗用户。

◇培养社会责任意识，弘扬正向的价值观，发布与传播正能量信息。

项目思维导图

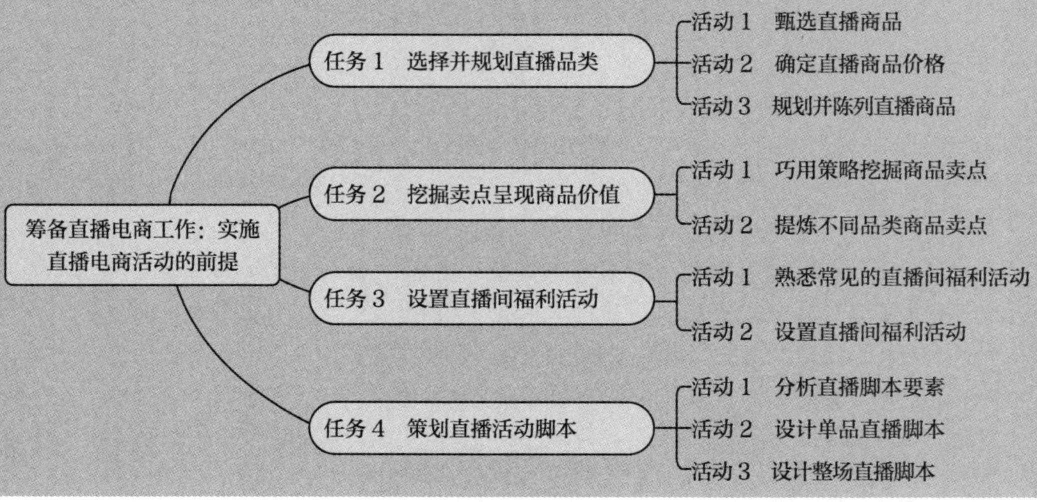

任务1
选择并规划直播品类

情境设计

俗话说“巧妇难为无米之炊”“定价定生死”，林老师叮嘱李丽在开展直播活动前，要做好充足的准备工作，好的产品是一场直播营销活动的重要保障，而定价可以在很大程度上影响用户的成交。选择并规划直播品类，首先要挑选好商品，并确定好合适的定价，还要规划并陈列直播商品。

任务分解

为了顺利开展直播活动，李丽及其团队成员在林老师的指导下理清了选择并规划直播品类的思路，主动利用网络学习直播选品的策略和渠道，同时学习同类商品的直播间商品定价、商品规划及陈列技巧。

活动 1　甄选直播商品

活动背景

乌酥杨梅的直播预热活动，取得了不错的效果，李丽打算挑选更多的产品在中秋节专场直播活动中进行销售。看到李丽干劲十足，林老师提醒李丽要精心挑选直播产品，好的产品是直播营销成功的基础。于是李丽及其团队成员开始着手选品工作。

课前引入

关注两场你感兴趣的直播带货活动，分析直播间的商品有什么优势？

____

____

□ 知识窗

甄选直播商品是指直播团队帮助主播选择优良的商品进行直播营销。商品是直播营销活动的核心，一切运营推广工作都是从选品开始的。选品对直播营销与运营有着关键性的作用，直播团队一定要做好数据分析，了解竞品与市场，作出合理的选择。

1. 选品的原则

在选择直播产品时通常要把握好以下 6 个原则：

①选择性价比高的产品。同品质选择价格低的商品，同价格选择品质好的商品。

②选择高频使用的产品。高频使用的产品，大部分用户都会有需求，更容易下单。

③选择复购率高的产品。直播带货，粉丝群体相对稳定，不容易快速增加新客户。选一些快消品，复购率高，会有更好的效果。

④选择市场需求大的产品。市场需求大的产品更容易抓住来到直播间的用户，在粉丝数量不多的情况下，小众商品很难留住用户。

⑤选择亲测好用的产品。主播自己用过并认可的好产品，才能在直播时非常有底气地介绍产品，尤其可以谈谈自己的使用感受，容易让人信服，帮助用户成交。

⑥选择展示性强的产品。选择在直播间能够很好地展示商品外观、使用方法和效果的产品，快速取得用户信任。例如，隔离霜可以遮瑕、提亮肤色。

2. 选品的策略

（1）根据视频账号定位选品

短视频内容要与账号定位垂直，系统才会根据账号的垂直内容贴上精准标签，将视频推荐给更精准的粉丝。直播带货产品选择也一样，账号如果主攻农产品，直播带货产品尽量选择农产品的相关产品。

要研究短视频账号的粉丝画像，如粉丝地域划分、男女性别占比、年龄阶层等基于用户画像去选择产品的品类、款式、颜色。

要了解账号的粉丝画像，可以借助数据分析工具。例如，飞瓜快手，通过对大号的粉丝画像解读，从而明确自己账号的目标用户画像，并根据大号了解粉丝需求，及时补充产品品类，满足粉丝需求。

(2) 根据市场需求选品

对于普通人来说，有需求才会有消费欲望。作为商家或是主播，在直播带货时不只要关注季节更替带来的需求变化，更应考虑消费者本身的自主购买意向。

购买意向如何获取？可以通过私域社群或者粉丝鱼塘，以及查看竞品的直播间售卖款式和价格。消费者需求要充分考虑季节因素，如夏季防晒衫、泳衣、小电风扇的需求量会相对高，冬季保暖内衣、暖宝宝、火锅底料的需求量相对高。

(3) 结合热度选品

与发视频蹭热点的逻辑一样，直播带货产品的选择也可以蹭热度。

例如，端午节要吃的粽子、中秋节要吃的月饼、夏天的小风扇、冬天的暖手宝，或者是当下某个网红、明星带火的某款产品，都是可以蹭热度的产品。

不管人们是不是需要这件东西，在当下那个时间，人们对它们保持了高度关注，就算不买，他们也可能在你的直播间热烈讨论相关话题，提升直播间热度。

(4) 根据主播人设选品

商品与主播之间一定要相互匹配，把合适的商品交给合适的人去卖，是直播的基本原则。也就是说，商家要根据商品的特点选择与之匹配的主播，主播要根据自己的人设挑选合适的商品。

例如，母婴类商品，商家尽量选择宝妈来当主播，如果选择未婚女性或者男性来当主播，会让观众难以信任，不利于商品成交。

主播要根据自己的特质形成自己独特的直播风格，选品时，选择与自己的人设定位、擅长领域相契合的产品，这样才能更好地发挥优势，提高产品的成交率。另外，新手主播可以优先选择与账号定位相关的、自己擅长喜欢的垂直领域商品，等积累一定经验后，再拓展其他类目的商品。

3. 选品的渠道

要想做好直播带货，拥有物美价廉的货源是一个关键因素。货源渠道有线上渠道和线下渠道，各有优缺点，需要商家结合自身实际进行选择。

(1) 线上渠道

①抖音精选联盟。每个电商平台都有自己的官方商品库，抖音精选联盟就是一个连接商家和带货主播的选品库。符合条件的商家入驻抖音精选联盟，上架自己的商品，带货主播可以在这个平台寻找符合自己定位的商品。找到合适的商品之后，可以先进行试用，确保商品质量。在直播过程中产生的订单，让精选联盟商家代发货，减少了库存压力，降低了压货风险。精选联盟按期与商家和主播结算，商家和主播可以在后台看到销售数据和收益，公开透明，不易产生不必要的纠纷，从而可以将更多精力放在商品分享上。在开通抖音小店的前提下，可以通过手机端抖音账号访问精选联盟或通过计算机端搜索“巨量百应”进入。

②有米有数。在选品方面，有米有数通过检测全网数据，利用大数据将新品榜、优质榜、潜力榜、爆品榜、实时榜展示出来，并把它们的销量、定价、直播间数及店铺等数据清晰地罗列出来，供直播团队参考，大大节约了选品时间，如图 4.1.1 所示。

③货源批发网站。货源批发网站是很多网店店主及直播商家选择的货源渠道，很适合新手，支持一件代发，创业压力小。比较知名的是阿里巴巴采购批发网，如图 4.1.2 所示。阿里巴巴是全球领先的采购批发平台，商品种类丰富，质量有保障，直播商家可以从中挑选适合自己的产品。

图 4.1.1　有米有数选品页面

图 4.1.2　阿里巴巴采购批发网

④其他电商平台。京东、淘宝、拼多多等电商平台的热销商品，也可以作为主播的选择。商品能够在平台上卖得好，意味着其在品质、价格、款式、功能等各方面具备一定的优势，并且热销商品的知名度较大，可以降低主播介绍的难度。

（2）线下渠道

线下渠道比较适合有一定资金实力的主播和商家，以及自身拥有货源的主播和商家。线下渠道货源可以结合所处地域优势来寻找，如广州的女装和箱包、江西的赣南脐橙、杭州的丝绸。

活动实施

行业观察　分析知名带货主播的直播间选品信息。

以小组为单位，利用互联网手段，选择 3 个近期有直播的知名带货主播，分析他们直播间的主播人设、对应商品、商品特点、选品策略，完成表 4.1.1。

表 4.1.1　直播间商品信息采集表

序号	直播平台	主播	主播人设	对应商品	商品特点	选品策略
1						
2						
3						

小试牛刀　采用常用的选品渠道为中秋节专场直播活动选品。

以小组为单位，选择精选联盟、有米有数、阿里巴巴、淘宝网或当地线下渠道中的两个渠道寻找优势货源，作为中秋节专场直播活动的商品，完成表 4.1.2。

表 4.1.2　中秋节专场直播活动选品表

<table>
<tr><th>序号</th><th>货源平台</th><th>商品</th><th>商品链接</th><th>选品理由</th></tr>
<tr><td rowspan="4">1</td><td rowspan="4"></td><td></td><td></td><td></td></tr>
<tr><td></td><td></td><td></td></tr>
<tr><td></td><td></td><td></td></tr>
<tr><td></td><td></td><td></td></tr>
<tr><td rowspan="4">2</td><td rowspan="4"></td><td></td><td></td><td></td></tr>
<tr><td></td><td></td><td></td></tr>
<tr><td></td><td></td><td></td></tr>
<tr><td></td><td></td><td></td></tr>
</table>

知识拓展

遵纪守法，主播带货选品应注意合规审核

近几年，直播电商渐成规模，网红主播因产品质量问题被质疑的情况屡见不鲜。根据国家市场监管总局关于加强网络直播营销活动监管的指导意见，网红主播通过直播带货销售产品，其本身应认定产品销售者的身份，需要承担产品质量责任，根据《食品安全法》规定承担赔偿责任：“如果销售或生产的食品不符合法定安全标准，应该向消费者支付 10 倍价款或者是支付 3 倍损失的赔偿金，支付的赔偿金的标准不低于 1 000 元。”

活动 2　确定直播商品价格

活动背景

李丽及其团队成员共同努力，为即将到来的中秋节专场直播活动选好了商品，但在定价的时候犯难了，在林老师的指导下，李丽及其团队成员理清了整场直播活动商品定价的思路，借助互联网手段学习直播商品定价知识，并着手确定直播商品价格。

课前引入

关注几场不同的直播，统计直播间的商品是如何进行定价的？

____

____

回 知识窗

商品定价是影响消费者下单的重要因素，是直播营销与运营工作中重要的一环，主要是根据直播营销的目标和商品在整场直播活动中的作用为商品确定一个合适的价格，达到最佳的营销效果。

1. 确定直播营销的目标

在给商品定价之前，可以先确定直播营销活动的具体目标，根据目标的不同来确定合适的商品定价策略。例如，新账号开播初期，粉丝比较少的情况下，可以以积累粉丝为目标，设置较低的商品价格。

2. 确定商品在直播间的作用

直播间的商品按照作用通常可以分为引流款商品、福利款商品、利润款商品、形象款商品，不同类型的商品，要有不同的定价特点，见表 4.1.3。

表 4.1.3　不同类型商品的定价特点

商品类型	定价特点
引流款商品	引流款商品定价可以较低，赚取少量利润，甚至亏损
福利款商品	福利款商品定价低，可适当亏损
利润款商品	利润款商品定价一般不会太低，但要符合大众的心理预期
形象款商品	形象款商品主要提升直播间的整体形象，打造限量感和稀缺感，定价较高

3. 直播间的商品定价策略

对于电商用户来讲，没有什么比得上价格让他们更敏感，在某种意义上，定价定生死。但是，商品定价是一项重要而复杂的工作，一定要制订合理的定价策略，在保证自身盈利的基础上，为用户提供更多的优惠，刺激其购买欲望。

（1）阶梯定价

阶梯定价是指购买一定数量的商品，是一个价格，当超过一定数量后，平均到每一件商品的价格会更低。阶梯定价策略是传统的“买一送一”定价策略的升级版，适用于食品和小件商品、快消品。

例如，某婴幼儿纸尿裤原价 118 元一箱，直播间的价格为 98 元一箱，第二箱减 30 元，第三箱减 40 元，第四箱免费送。阶梯型的价格体系一般基于 3~5 件商品的成组销售，适合需要冲击销量的单品，或者用于商品促销。

阶梯型价格递减能够引导消费者多件下单，但是主播在直播过程中需要做好配合工作，以使该定价策略发挥出最大的效力。

①价格对比，凸显价格优势。阶梯型价格应与原价对比，突出商品成组购买的价格优势。主播在直播过程中，可以利用黑板或计算器，现场将原价购买的价格与成组购买进行计算和对比。

②营造活跃的购物氛围。主播在介绍商品的阶梯型价格时，语速要稍快，声音要饱满，向消费者传达商品的巨大优惠力度，以激发消费者的购买热情。同时，可以借助倒计时的方式营造紧张氛围，以促使消费者快速作出购买决策。

③关注消费者提问，及时引导。直播间随时会进来新的用户，以及对购买流程不太熟悉的老用户，主播需要多次讲解下单流程。

(2) 尾数定价

尾数定价是指把商品价格定为带尾数的非整数价格，保留尾数可以把价格降低一位数，给人一种便宜的感觉。例如，1 000 元的商品，定价 999 元或 998 元；100 元的商品，定价 99.8 元或 98.8 元，以此类推。

另外，尾数的确定要符合当地的风俗习惯，如中国对 6、8、9 这几个数字充满好感，而对 4 不太喜欢，在中国的消费市场上，对产品使用尾数定价法时，需要注意这些问题。

(3) 锚点定价

价格锚点即是商品价格的对比标杆。在消费者眼里，商品的价值是“相对存在的”，这件商品到底值不值这么多钱，这个定价到底实惠与否，都需要一个可供参照的标准。价格锚点是商家设定的参照标准。如图 4.1.3 所示，商家把预售价设置为 999 元，“999 元”就是一个价格锚点，它提升了消费者对商品的价值感知，会让消费者觉得商品很不错，价值 999 元。如果没有这个价格锚点，直接设置现价 259 元，消费者就会认为这个商品只值 259 元，不会有惊喜。

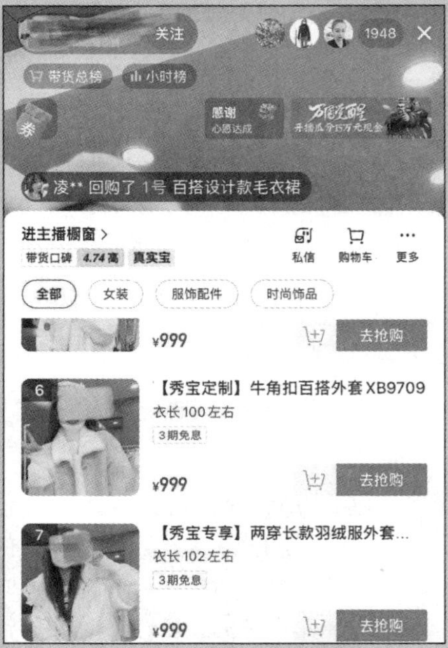

图 4.1.3 锚点定价

(4) 惊喜定价

主播除了要真诚地对待用户，用心讲解每一款商品，严格把控产品质量外，还要学会制造超出用户预期的场景，让用户感觉到惊喜。

惊喜定价就是主播在介绍商品时，给出略高的价格，但在用户付款时给出优惠价，这样用户在付款的时候就会有一种惊喜的感觉，从而对直播间的印象分有所提高。

例如，主播在直播间销售一款洗衣液，介绍商品时承诺 4 件合拍享受 119 元的优惠价格，但在付款页面，用户发现店铺额外给出了 20 元的优惠券，实际付款金额为 99 元。有用户付款后，非常惊喜地在直播间反馈这个情况，主播见机行事，巧妙地引导用户快速下单。这种惊喜定价的方式让用户有愉快的购物体验，能够加速直播间商品的销售。

(5) 习惯定价

日常消费品的定价容易在消费者心里形成一个习惯性标准，成为习惯价格。消费者容易对日常消费品的价格变动敏感。对这类商品定价时要充分考虑消费者的习惯倾向，采用“习惯成自然”的定价策略。对消费者已经习惯的价格，不宜轻易变动。降低价格会使消费者怀疑产品质量有问题，提高价格会使消费者产生不满情绪，导致购买转移。在不得不提价时，应采取改换包装等措施，减少抵触心理，并引导消费者逐步形成新的习惯价格。

(6) 招徕定价

这是适应消费者“求廉”心理，将产品价格定得低于一般市价，甚至低于成本，以吸引顾客、扩大销售的一种定价策略。采用这种策略，虽然几种低价产品不赚钱，甚至亏本，但从总的经济效益看，低价产品带动了其他产品的销售，商家是有利可图的。

（7）组合定价

组合定价是指为迎合消费者的某种心理，特意把有的产品价格定高一些，有的定低一些，以取得整体经济效益的定价方法。一般而言，消费者对经常购买的产品价格比较敏感，而对不经常购买的产品价格敏感性差，对价值高的产品价格比较敏感，对价值低的产品价格敏感性差。企业往往利用消费者的这种心理，在相关产品、互补产品定价时，把消费者经常购买、价值又相对较高的产品价格定低一些，而对不经常购买、价值又相对较低的产品价格定高一些。用低价来打开销路，用高价传达产品的高质量，两者共同起到刺激需求的作用。

在电商直播中，商品组合定价法同样适用，商品组合定价包括以下 3 种不同类型：

①系列产品组合定价：对同档次、款式、规格、花色的产品进行组合定价。

②附加品差别组合定价：根据客户选择的附加产品属性，制订多种定价的方式。

③成套产品组合定价：将多种产品搭配组成一套的定价方式。

活动实施

行业观察　分析知名带货主播的直播间商品定价信息。

以小组为单位，利用互联网手段，选择 3 个近期有直播的知名带货主播，分析他们的直播间商品类型及定价策略，完成表 4.1.4。

表 4.1.4　直播间商品定价信息采集表

序号	直播平台	主播	品类	对应商品	定价策略
1					
2					
3					

实战演练　为中秋节专场直播活动的商品定价。

以小组为单位，讨论确定本场直播活动的目的、每一款商品在直播间的作用、采用何种定价策略及最终的定价，完成表 4.1.5。

表 4.1.5 中秋节专场直播活动商品定价表

直播活动目的	商品	商品作用	定价策略	最终定价

知识拓展

诚信经营，拒绝价格欺诈

2022 年 9 月 19 日，通州区市场监管局执法人员对南通某纺织品有限公司的经营场所进行检查，发现当事人正在通过抖音直播销售一款牛奶绒四件套。在当事人的直播间摆放了一张宣传牌，其上标示“活动仅限今日，秒杀价￥139，平日促销价 ￥399”等内容。经查，当事人自直播销售上述四件套以来，每日都使用上述宣传牌，成交单价均为 139 元 / 条，从未以 399 元 / 条的单价实际成交过。当事人的上述行为，涉嫌违反《中华人民共和国价格法》第十四条的规定，目前通州区市场监管局已立案调查。

活动 3 规划并陈列直播商品

活动背景

商家在开展直播活动之前，要先规划好直播活动的商品，并搭建好直播场景，将商品陈列好。李丽及其团队成员还需要学习如何规划及陈列直播商品。

课前引入

关注 3 场不同类型的直播带货活动，查看其直播间商品是如何陈列的。

____

____

知识窗

规划并陈列直播商品，是指根据整场直播活动的目的，确定直播商品、规划商品排布及商品陈列的方式，是直播营销活动前重要的一环。

1. 直播间商品结构规划

（1）直播间商品角色定位

按照商品在直播间的功能不同，可以将商品细分为引流款商品、福利款商品、利润款商品和形象款商品。

①引流款商品。引流款商品也称留人款商品，是能够为直播间带来流量的商品。引流款商品应该具有普适性，具有较高的市场需求。选择有独特优势和卖点的商品，最好做到“人

无我有，人有我优”。引流款商品的定价应较低，获取低利润甚至亏钱。引流款商品要具备供应链优势，能够实现较低的采购成本。另外，越是知名品牌，越能够吸引粉丝。

②福利款商品。福利款商品是用来吸引用户停留的产品，是给用户送优惠的产品，产品定价低于产品实际价值。

诺贝尔经济学奖得主丹尼尔卡尼曼做过一个实验，24 件好餐具，消费者愿意付 33 美元购买，24 件好餐具加 16 件瑕疵餐具，消费者最多愿意付 24 美元，这个现象称为“联合评估”。福利品品质一定要好，选择行业里的爆款做福利品，持续准备各种各样的优惠福利品，是持续获得平台流量的关键。

③利润款商品。提高直播间整体利润的商品称为利润款商品。商家想要通过直播营销产生盈利，就必须有利润款商品。利润款商品的定价相对较高，要想提高直播转化率，选择合适的商品很重要。

那么什么样的商品适合做利润款呢？同行 7 天里面热门的爆款，可以是同款或相似款；直播平台有同款，但相比同行性价比有优势的爆款；符合目标需求，且直播平台没有或者少有的潜力爆款。

④形象款商品。形象款商品是实力象征，如一些奢侈品店卖几十万的包包，但可能一年也卖不了几个。

直播间里的形象款商品是用来塑造直播间整体形象和品质，特征与利润款商品很像，通常为高客单价、高品质的产品，形象款商品的利润比利润款商品更高，受众人群比较少，目的以打造自身品牌为主。

（2）直播间商品配比

商品配比，即商品配置比例。合理的商品配置，可以大大提高商品的利用程度，最大化消耗单品库存。在规划直播间商品配置比例时，主要围绕商品组合、价格区间和库存配置三大要素。

①商品组合。商品组合的核心是商品数量的配比和更新比例。商家在对直播间商品数量进行配比时，一方面可以根据主次类目进行分配；另一方面可以根据商品销售情况进行分配，分配比例如图 4.1.4 和图 4.1.5 所示。

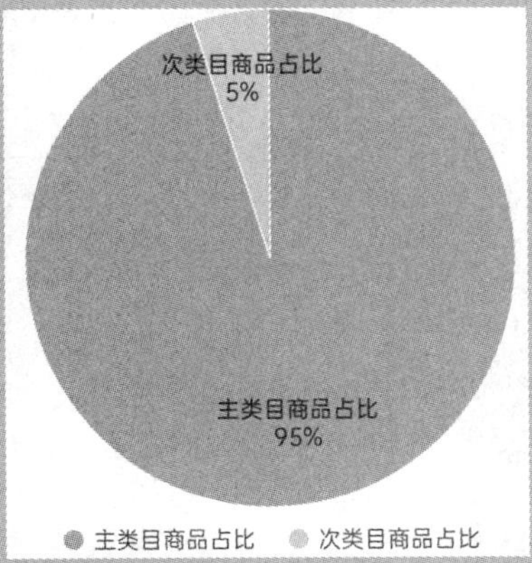

图 4.1.4　按主次类目配比商品

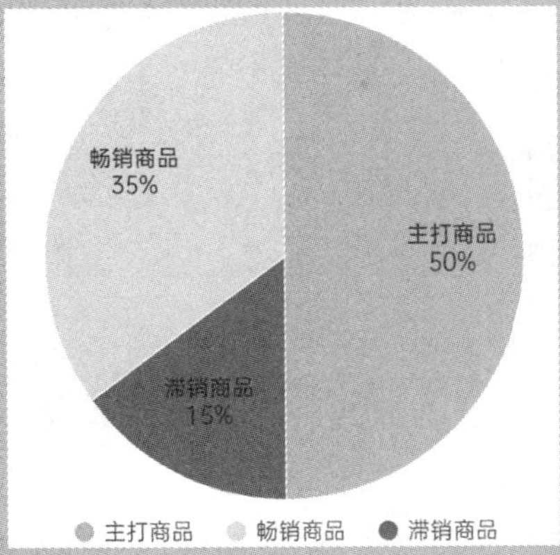

图 4.1.5　按销售情况配比商品

按照这样的比例，只要根据直播时长等确定好每场直播的产品总数，然后根据以上产品配置比例做好相应数量的选品即可。

为保证每场直播的新鲜感以及做好老粉丝的维护，商家需要不断更新直播内容，其中最重要的就是商品的更新。一场直播的产品总更新量至少不低于整场直播总商品数的 50%，其中包含 40% 流行主推款和 10% 的畅销单品。

②价格区间。直播间商品一般是根据商品的成本加上合理的利润来定价的，在设置价格时，对颜色、属性不同的同类商品，价格差距不宜过大，应尽可能地缩小价格区间。

③库存配置。库存配置是提高直播数据及转化的一个非常重要的措施。库存配置要把握的重要原则是"保持饥饿"。商家要根据不同场观人数和总观看人数配置不同的库存数量，让直播间的商品始终保持被抢购的状态。

（3）已播商品的预留和返场

为了完善商品配置，同时更加充分地利用好货品资源，商家要对已播商品进行预留和返场。那么，应该如何选择预留商品？该在什么时候做商品返场呢？

①预留和返场商品的选择。商家可以通过"直播宝贝 TOP 榜""店铺销量排行榜""主播展示视觉优质"等一系列参考维度来选择预留产品。

②预留和返场商品的比例。商家要根据产品配置更新比例，在直播过的产品中选出至少 10% 的优质产品作为预留再返场商品。

③预留和返场商品的应用时间和场景。在直播一周后做返场，可使预留和返场商品再次获得好的销量；当部分商品因特殊情况无法及时到位时，可以将预留和返场商品用作应急补充；遇到节假促销日时，作为活动产品再次返场。

2. 直播间商品排布规划

（1）直播间商品排布的原则

直播间的商品不是随意排序的，想要高转化的直播间，就要精细化地进行排品。商品排布要遵循以下原则：

①把好的商品放在好的位置，让更有潜力的单品迅速获得用户的关注。

②有层级地阶梯化管理，通过对商品的定位、不同阶段销售目标进行调整，实现有效货品管理。

③利益点信息完善，通过利益点文案，使用户对商品和优惠信息更加了解，提高转化率。

（2）直播间商品排布的方法

为了最大限度地提升直播间商品转化率，增加商品销售额，商家可以合理运用表 4.1.6 中直播间商品排布方法。

表 4.1.6　直播间商品排布方法

商品排布方法	形式	条件	适合人群	作用
单品循环模式	引流款—利润款—引流款—利润款循环讲解，引流款选择用户非常想要的商品，通过引流款极致的性价比做停留、互动和留存，趁人气高时上利润款，提高销售额	主推产品既是利润款又是爆款，引流款和利润款相搭配，同质化问题较弱	新手主播，1~2 人的直播间	引流款里选福利款，利润款里打造爆款，当利润款卖不动时，推出福利款，从而增加商品成交密度，提高商品转化率，获得持续的推流

续表

商品排布方法	形式	条件	适合人群	作用
爆品模式	畅销款—利润款 1—利润款 2—畅销款，中间穿插不同类型的利润款	畅销款是整场直播的主推款，需要主播全力输出，需要准备 3~5 套不同话术	新手主播，1~2 人的直播间	既能留住用户，也能持续产出利润，当利润款卖不动的时候，同样可以推出畅销款
三品组合模式	福利款—畅销款—利润款—福利款循环排品，用福利款开场拉人气，提升直播间各项数据，打开自然流量池。畅销款用来承接福利款带来的流量。利润款应该是直播间的主推商品，着重介绍利润款做转化，弥补前面福利款的亏损	福利款和畅销款相搭配，同质化问题较弱	新手主播，1~2 人的直播间即可运转	通过福利款引流到直播间，畅销款做承接，用有利润的爆款进行转化，对提升客单价和转化非常有效
穿插排列模式	福利款—引流款—利润款—对比款—机动款依次不断循环，穿插的商品几乎不重复，丰富度很高。开播初期和流量下跌时间段，用福利款引流留人，在流量高、转化好的情况下，尝试利润款销售，拉高利润空间	不同品类穿插排序，商品之间必须有很强的关联性；主播需对大部分货品熟悉；有完整的直播脚本和逼单话术	成熟的主播团队，2~4 人，能够把控直播节奏	福利款聚人气，利润款搭配引流款做转化，根据直播间状态适时插入畅销款和对比款，保障直播间的自然流量趋于稳定

3. 直播间商品陈列

商品陈列是以产品为主体，运用一定艺术方法和技巧，借助一定的道具，将产品有规律地摆设、展示，以方便顾客购买，刺激销售，提高销售效率的重要宣传手段。

（1）商品陈列的方式

直播间商品陈列主要有 3 种方式：主题式、品类式、组合式。

①主题式。直播间主题式商品陈列方式的主要特征是统一，其主要目的是突出直播间的主题风格。例如，化妆品类直播在直播间陈列的都是化妆品，零食类直播间陈列的都是各种休闲零食。

②品类式。直播间品类式商品陈列主要是通过品类的组合，为用户构建出多种选择的氛围。很多直播间的商品是多品类的，采用品类式陈列，主播讲解哪个品类，直播间就陈列哪类商品。

③组合式。直播间组合式商品陈列主要是通过商品与商品之间的紧密联系，将关联度高的商品组合在一起，引导用户组合下单，提高客单价。服装就很适合采用组合式陈列，将上衣与匹配度高的裤子或者裙子搭配在一起，并在周围放置能够相搭配的包包、鞋子、帽子、首饰等，能够提升服装的档次，还可以通过塑造造型，增强服装的灵动感，刺激顾客的购买欲望。

（2）商品陈列的技巧

①货品丰满，增强视觉冲击力。适合农产品、食品饮料直播间的商品陈列。

②商品摆放要有高、中、低，有前、中、后，增强直播间的层次感和纵深感，带给用户更好的视觉体验，适合所有品类的直播间。

③商品陈列要讲究色彩搭配。例如，服装类直播间，可以将不同颜色的服装间隔开，通过渐变的色彩增强整体美感。再如，水果类直播间，可以利用绿色的叶子衬托红色的草莓。

④把包装拆掉摆放。例如，口红，可提前把口红盖都拿掉，摆放在透明的收纳盒里，颜色鲜艳的不同色号口红会让用户产生强烈的了解欲望。再如，美食直播，把包装拆掉展示清楚美食的样态。

⑤特价商品和主推商品要摆放在直播间显眼的位置。

活动实施

行业观察　分析优质直播间的商品规划思路。

以小组为单位，利用互联网手段，关注 3 个不同类型的优质直播间，观察总结直播间的商品结构规划、商品排布规划，完成表 4.1.7 的填写。

表 4.1.7　直播间商品规划表

序号	平台	直播间	主次类目商品占比	返场商品	直播间商品排布规划	直播间商品库存配置
1						
2						
3						

技能初探　为中秋节专场直播活动规划并陈列直播商品。

1. 以小组为单位，规划好中秋节专场直播活动的商品，确定每一款商品在整场直播当中的角色及具体的排布位置，并提前规划好每款商品的库存，完成表 4.1.8 的填写。

表 4.1.8　中秋节专场直播商品排布规划表

序号	商品	商品角色定位	商品排布位置	库存配置
1				
2				
3				
4				

2. 以小组为单位，策划中秋节专场直播活动商品陈列方式。

知识拓展

场景全面升级，助力节点大促提量

2020 年在疫情的冲击下直播电商模式全面爆发，“直播 + 电商”的新零售业加速兴起。2022 年，无论是在中国还是海外，直播已经成为紧跟潮流的流量新风口。根据奥维云网统计，目前中国家电市场整体线上销售占比已达到 50.8%，远高于其他国家。这给新兴家电品牌带来机会的同时，也给传统家电品牌带来新挑战。在新兴需求驱动下，如何依靠直播电商等新渠道，进入二次增长期，成为传统家电业思考的重点。作为国内家电龙头之一的美的也在寻求新增量。

紫龙网络在深入了解品牌方的诉求和洞察家电人群以及行业特性后，从新账号策划搭建，再配以精细内容运营，美的官方账号成功涨粉至 130 万 +，交出了一份优秀的答卷。值得一提的是，双十一活动期间，在“抖音双十一好物节”美的官方直播间内，双十一活动期间总 GMV 高达 1 600 万，其中单场直播最高 GMV 达 157 万，最高在线人数达 1 000+，单场直播涨粉达 1 万 + 的出色成绩。

除了投流和控场，为了迎合双十一大促活动，紫龙网络对美的直播间场景和画面作了专业升级调整。为了让消费者对冰箱摆放有更直观的认知，消除使用场景的疑惑，紫龙网络为冰箱展品制作内嵌式的柜子，给用户直观展示冰箱内嵌的效果。同时，为了让产品功能清晰快捷地被直播间用户熟知，制作了描述产品具体信息 KT 板，让用户更好定位自己感兴趣的产品，促进转化。

任务2 》》》》》》》》
挖掘卖点呈现商品价值

情境设计

如何让消费者在激烈的市场竞争中选择产品，是商家需要重点思考的问题。消费者在乎的是自己的利益，作为主播需要在短时间内向用户呈现商品价值，给用户一个坚定的理由。然而，市场产品同质化越来越严重，产品所具备的优势大抵相同，如何在市场竞争中脱颖而出，需要商家挖掘出产品强有力的卖点。林老师动员李丽及其团队成员头脑风暴，做好挖掘商品卖点的准备工作。

任务分解

对于商家而言，产品的销量至关重要，如何让自己的产品受到大众喜欢，“卖点”是关键。李丽及其团队成员在林老师的指导下认真研究商品，挖掘卖点，呈现商品价值。李丽及其团队成员借助互联网认真学习挖掘商品卖点的策略，同时尝试提炼不同品类的商品卖点。

活动 1　巧用策略挖掘商品卖点

活动背景

为了能够在直播过程中流畅地介绍商品，充分展示商品优势，于是，李丽及其团队成员开始学习挖掘商品卖点的方法。

课前引入

关注 3 场不同品类的直播带货活动，总结主播是从哪些方面介绍商品的？

____

____

知识窗

商品卖点可以说是商品的特点、优势，是商品中能够吸引消费者的点，是与其他商品相比较的差异性。商品卖点挖掘就是站在消费者的角度思考消费者在意的是什么，给消费者一个购买商品的理由。

1. 挖掘商品卖点的原则

（1）差异化

同样是脐橙，有人宣传其产地的生态性，绿色环保无污染，不添加。殊不知这样的卖点对其他产品也一样，消费者无法识别其差异。褚橙的成功就是很好地抓住了产品的卖点，甜、香、情怀、故事、名人效应等，让褚橙从普通的脐橙变成了一个有故事、有温度的脐橙。

（2）体现消费者的利益

消费者只关心自己的好处，商家要用最直白的语言告诉消费者产品能够带给他的利益。例如，老板油烟机有 410 Pa 的大静压，介绍老板油烟机只说了“大吸力”3 个字，完全符合消费者在家庭使用油烟机的需求。

（3）单一、简洁

产品卖点在于精，而不在于多，提炼出一句有力量的话就够了。很多品类的产品都有大量卖点，如功能、技术、原料、工艺、产地、品质、性价比等。商家恨不得把所有卖点都告知消费者，但是消费者不一定能记住那么多。要聚焦在商品最核心的那个点上，简洁才有销售力。

2. 挖掘商品卖点的策略

（1）从价格挖掘卖点

价格是影响消费者购买的重要因素，商品价格低是一个很大的优势，可以通过与同行进行价格比对来突出商品的卖点。

（2）从外观挖掘卖点

这里的外观，不仅是在说“颜值即正义”，更多的是在说消费者第一眼就能看到的与众不同，即视觉体验上的差异化。涉及的领域比较广泛，可以是包装，也可以是颜色，还可以是产品的形态等。例如，长筷子，通过“总能捞到火锅深处未知的惊喜”的场景化描述来突出这一卖点。

（3）从功能挖掘卖点

从 3 个角度切入，做到“人无我有”“人有我优”或者“人少我多”。不过商品功能得与消费者的需求匹配，同时解决消费者的问题。例如，养生堂以“农夫山泉有点甜”独特的品质吸引消费者的眼光。

（4）从材质挖掘卖点

好的材质对应好的产品，是消费者普遍的认知。例如，消费者在购买贴身衣物的时候会很看重所使用的布料成分。

（5）从产地挖掘卖点

商品的出产地，很多时候直接左右着消费者选择，如东北大米、西湖龙井、阳澄湖大闸蟹、盱眙的小龙虾、赣南的脐橙在消费者心中有较好的印象。

（6）从客户定位挖掘卖点

分析客户群体，从客户的角度出发找商品卖点，可以和固定的人群或职业绑定，如卖儿童专用的筷子，突出卖点：易用，用一次就会了；“胖子的衣橱”针对偏胖的人群。

（7）从服务挖掘卖点

从商家提供的良好服务挖掘卖点，对耐用品更为突出，如海尔的“真诚到永远”三全服务，即全员、全时、全面给消费者服务。

（8）从背书挖掘卖点

所谓背书，就是给消费者一个信任商品的理由，包含信用背书、技术背书、专家背书、名人背书、权威媒体背书、权威典籍背书、权威机构背书等。例如，一本书的封条上写着“余华也在读”就是借用名人给消费者安全感；东阿阿胶的描述上写着“《本草纲目》记载‘阿胶，本经上品，弘景曰：出东阿，故名阿胶’”，就是借用《本草纲目》来做背书。

（9）从理念挖掘卖点

当技术壁垒越来越低，消费市场的信息越来越透明的时候。品牌就是企业最坚固的护城河。品牌就好像一个理念的灯塔，吸引着一批又一批认可该理念的消费者，这个理念一旦被认可，排他性极强。

（10）从情怀挖掘卖点

情怀对很多人来说比钱好使得多，毕竟每个人都向往诗和远方。新品牌在没有市场基础的时候，通常都会选择从情怀出发，用真心来换真金。

活动实施

行业观察　分析知名带货主播的商品介绍思路。

以小组为单位，利用互联网手段，选择 3 个近期有直播的知名带货主播，分析他们在直播的过程中介绍了商品的哪些卖点？运用了什么策略？体现了哪些卖点的原则？完成表 4.2.1。

表 4.2.1　知名带货主播商品介绍思路

序号	直播平台	主播	商品	商品卖点	卖点挖掘策略	卖点原则
1			商品 1			
			商品 2			

续表

序号	直播平台	主播	商品	商品卖点	卖点挖掘策略	卖点原则
2			商品 1			
			商品 2			
3			商品 1			
			商品 2			

小试牛刀　挖掘中秋节专场直播带货活动商品的卖点。

以小组为单位，利用所学知识，从各个方面分析商品，每个商品找到 3~5 处优势，并最终确定商品的卖点，完成表 4.2.2。

表 4.2.2　中秋节专场直播活动商品卖点挖掘

序号	商品	商品优势	商品卖点	卖点挖掘策略
1				
2				
3				
4				
5				
6				
7				
8				

知识拓展

表示权威性的禁忌词

1. 国家 ××× 领导人推荐，国家 ××× 机关推荐，国家 ××× 机关专供、特供等借国家、国家机关工作人员名称进行宣传的用语。

2. 质量免检、无须国家质量检测、免抽检等宣称质量无须检测的用语。

3. 人民币图样（央行批准的除外）。

4. 老字号、中国驰名商标、特供、专供等词语。

活动 2　提炼不同品类商品卖点

活动背景

为了更好地开展直播营销，需要提前做好充分的准备工作，熟悉不同品类的商品，并提炼出商品卖点，才能够在市场竞争中立于不败之地。李丽及其团队成员着手提炼不同品类的商品卖点。

课前引入

分别关注一场优质的农产品、零食、化妆品的直播带货活动，从主播的话术中总结商品的卖点，并说说你印象最深刻的卖点是什么？

____

____

知识窗

卖点提炼包含了“提”和“炼”，是指挖掘商品卖点并向消费者表达出来。在今天这个同质化的年代，提炼商品卖点正变得越来越有挑战性。卖点提炼是商品传播的中心，也是打造爆品的关键之一，商品的卖点提炼必须符合消费者的心理需求。

1. 卖点提炼的技巧

挖掘商品卖点后要强化和突出卖点，通过卖点打动消费者。

（1）卖点要具有传播力

卖点描述要新奇、易懂，才更具传播力。例如，卖大米，只说“颗粒饱满、口感好”，顾客肯定没感觉，要说成“煮粥，米粒开花才叫香”；高跟鞋很舒适，要说成“能奔跑的高跟鞋”。

（2）把卖点说成“人话”

即使产品再厉害，有专家背书，也要把卖点用营销的语言变成“人话”。例如，空调变频技术很厉害，商家传播的是“一晚一度电”；再如，手机闪充技术，商家说的并不是“充电功率有多少瓦”，而是更容易懂的“充电 5 分钟，通话两小时”。

（3）将卖点数字化

例如，“限定 1% 的 ××”，当我们把“1%”抹去，你会觉得这句话的力量感损失一大半。数字化的优势是直观易懂，极易被消费者感知。再如，“无添加”和“0 添加”，99% 的消费者都会选择后者。那么，“不怎么耗电”和“1 晚只用 1 度电”的空调，你选哪个？

（4）用“类比暗示”说卖点

用大众熟知的事物作类比，会让生硬的卖点变得新奇易懂。例如，卖脱脂奶茶，只说“热量低”是不行的，到底有多低顾客不知道，可以说成“热量小于一个 200 克的苹果”。

2. 农产品卖点提炼

（1）以“土”来表达

“土”是农产品的特点，也是最重要的卖点。农产品讲究的是地域文化和源头，作为土生土长的农民电商从业者亲自制作、种植的纯天然绿色产品，如此“土”便成了健康、生态、绿色的代名词。

①土鸡蛋。农村电商从业者可以在自己的网店页面重点宣传散养鸡、跑山鸡、五谷杂粮

鸡等渲染农村氛围，让消费者对产品产生信任、好感，从而产生购买兴趣。

②原生态蜜蜂。原生态蜜蜂是以“土”作为特征的典型代表。通过展示蜂农养蜂状态、现场养殖、引蜂、割蜜过程以及未加工直接灌装入瓶的场景，获得消费者认可。

（2）突出味道、口感

农产品的基本属性是健康、绿色、有机、无污染、天然好吃等特点，对于吃，味道好才是王道。大力宣传农产品的绝妙口感，可以吸引大量的购买者，如牛肉干。

（3）突出产地

产地是属于给农产品加持地域性的一种标志，比如说产自福建东山县的农产品，产地来源上面可以加上国家级生态县，东山县被授予国家生态县称号，能够给用户树立一种生态、自然的形象，无形中打造了产品的卖点。

若没有特殊产地的身份，可以试着从河流、湖泊、高山等产地特征来塑造卖点，如黄洛渭流水、珠江入海口、黄河三角洲等，甚至引用古诗经典产地地名。

（4）突出环境

环境指的是农产品的生长环境，光照、降水、空气等级、湿度等环境指标，不同的农产品对环境的要求不尽相同。比如，大家熟知的是新疆的哈密瓜好，新疆地理位置、光照强度好，温差较大，有助于哈密瓜糖分的形成与积累。再如，肥沃的土壤长出的庄稼更加富含营养元素。

（5）人物塑造讲情怀

一个有意义、有价值、有故事、有情怀的人物塑造是打造产品文化、提升产品的核心价值、提高市场竞争力的必要条件，以此来提高产品的知名度和消费者的好感。

例如，大学生返乡创业身份、第一书记、驻村工作队等各类身份加以对农产品包装，让消费者心存好感，以此来获得忠实客户。再如，农产品扶贫、公益、爱心义卖、明星代言等，以此来加快农产品的传播。

（6）凸显公益元素

扶贫、互助等行为可以推动农产品卖点的提升，如爱心苹果、跑步鸡等。

（7）以梦想打动人

这一招可以用在农产品众筹上，把梦想故事讲清楚、讲透彻，可以吸引用户参与。

3. 零食卖点提炼

（1）口感

很多零食的口感是影响消费者购买的关键因素。例如，一款很有嚼劲的牛肉干，商家经过数据分析和用户调研，发现爱打游戏的宅男才是买牛肉干的核心人群，他们的购买动机是牛肉干要硬，硬才有嚼劲。于是，商家提炼出来的卖点文案是“风干牛肉干，够劲才够瘾”，并在包装上配上一头会功夫的牛。

（2）配方

某奶制品仅有 3 种成分的裸酸奶，卖点就是天然健康，成分越多，就意味着经过了更多的加工和添加。还可以借助数字讲货真价实，如“一大杯奶茶，半杯都是料”。

（3）找到用户的痛点

如卖海苔的商家，用“你家有不爱吃饭的熊孩子吗？”卖点文案打动有同样痛点的人群。

（4）给普通零食附加价值

如“跟女朋友去旅游，包里必备的零食清单”“第一次和女生见面，带什么零食有品位”“虽然是零食，但对长身体有帮助的小东西”“打游戏吃什么通宵都不犯困”，当给普通的零食附加了其他价值，会更容易刺激用户下单。

(5) 给出场景

如卖牛肉干的主播这样介绍：将牛肉干放在办公室，当你工作、思考的时候，嘴里希望嚼一点东西，你可以来一块牛肉干，它不耽误事。如果你买的薯片呀，买的其他零食，你的手是不是得不停地抓呀，就很影响事儿。但是这一块牛肉干打开放到嘴里嚼，没有 10 分钟你都嚼不完。

(6) 包装

如可以突出方便携带、独立包装的优势。还可以通过创意包装突出商品的卖点，如薯脆有一款创意包装，如图 4.2.1 所示。这个薯片的核心卖点是把新鲜的土豆蒸熟后，碾压成粉，最后烤制成薯片。包装通过生产工艺找灵感，将新鲜土豆直接碾压成型的核心价值直观地传递给消费者，最后用手写体的字体传达产品最原始的美味。

图 4.2.1　产品包装展示卖点

4. 美妆产品卖点提炼

对美妆产品，消费者侧重产品的使用效果，常见的美妆产品可以按照表 4.2.3 总结的要点来提炼产品卖点。

表 4.2.3　常见美妆产品卖点提炼思路

美妆产品	产品卖点总结
洗面奶	①软化角质 ②平衡油脂及汗腺的分泌 ③基础清洁
爽肤水	①二次清洁 ②平衡皮肤的 pH 值 ③深层补水 ④有助于后续产品营养更好地吸收 ⑤收缩毛孔
乳液类	①给皮肤补充充足的营养，激活肌肤细胞，形成胶原蛋白 ②平衡皮肤分泌，调节水油平衡，形成保护膜 ③增强皮肤细腻度，修复细纹，延缓衰老
面霜类	①覆盖于皮肤表面形成油性保护膜，有效锁住水分和养分 ②阻隔外界环境中的不良物质对皮肤的刺激 ③给肌肤补充充足的水分和养分，使肌肤保持润泽状态 ④修复细纹，激活细胞再生能力，增强皮肤抵抗力 ⑤深层活化细胞，使细胞之间的养分通过胶原蛋白的作用，提升细胞活力
去角质类	①去除老化角质，促进肌肤再生 ②深层净化污垢、油脂等堆积在毛囊口的多余分泌物，加速脱离沉积于皮肤表面的黑色素等 ③增强皮肤的通透性，预防粉刺、黑头、青春痘的形成 ④收缩细化毛孔，嫩白肌肤，有助于后续营养的吸收

续表

美妆产品	产品卖点总结
眼霜类	①修复眼周皱纹、眼袋、黑眼圈，紧致眼部肌肤 ②舒缓眼部疲劳，改善眼部肤色 ③改善眼周微循环系统，迅速帮眼周建立一层天然保护膜，有效锁住水分，改善干燥松弛的眼部肌肤，抚平细纹，使眼周肌肤更加紧致弹性
精华类	①唯一一款能直接渗入皮肤真皮层的产品 ②可以帮助改善真皮层中的网状结构，增强皮肤弹性，从内而外地修复细纹，改善皮肤严重缺乏营养而导致的衰老问题 ③含超效的透明质酸和保湿成分，可促使生成水溶性左旋 VC4，具有紧致抗皱、延缓衰老、滋养美白多重美容功效的高级保养品
隔离类	①全面隔离紫外线、灰尘、尼古丁、计算机辐射等有害物质对皮肤造成伤害 ②修饰发黑、偏黄、偏红、苍白、暗淡等肤色，调整粗糙老化肌肤至嫩白而富有光泽的最佳状态 ③具备 SPF12 的防晒效果，对晒后受损肌肤有明显的修复效果，在镇静、舒缓、滋养肌肤的同时无任何刺激
粉底（BB霜）类	①遮盖面部瑕疵，均匀肤色，自然而有效地掩饰皮肤毛孔，细致色差 ②蕴含 4% 以上的水质成分，形成保护膜，润泽皮肤
面膜类	①为肌肤补充综合营养，从深层抚平皱纹 ②清透毛孔，清除表皮污垢、黑头、死皮 ③改善松弛干燥、皮肤暗黄无光泽现象，让肌肤快速恢复光泽细腻、水嫩紧致状态
按摩膏类	①通过按摩手法使有效成分快速深入皮肤底层，溶解毛孔的皮脂和污垢，净化肌肤 ②促进血液循环，平衡油脂和汗液的分泌 ③具有高效营养、高度滋润美白、抗衰老功能，改善干裂松弛、暗淡肌肤现象，保持肌肤弹力紧致，水润嫩白
眼影	①粉质细腻顺滑 ②服帖好上色，延展度好，显色度高 ③持久、不晕染、不飞粉 ④消肿好
腮红	①颜色高级 ②妆感干净 ③显白 ④日常不化妆也能用，自然红润感 ⑤自带高光感，通透 ⑥脸比较平或者凹陷，涂上会很饱满

5. 生活用品卖点提炼

生活用品是我们每天都要用到的，适合通过描述具体的使用场景，挖掘消费者的痛点，同时通过分析商品功能解决消费者的痛点。

例如，卖厨房免打胶防臭防堵下水管的商家，通过分析传统的下水管道容易堵塞，导致有蟑螂甚至往洗手池上反臭味的问题，再介绍新型防臭防堵下水管双重防臭设计，可以彻底解决蚊虫臭味反入室内的情况，安装特别简单。

再如，一款牙膏的主打功能是清新口气，很多人被口气的问题困扰，可以通过描述口气带来的尴尬场景，再利用使用牙膏的前后对比，刺激消费者购买。

活动实施

行业观察　分析优秀主播卖点提炼技巧。

以小组为单位，利用互联网手段，选择4个不同品类的优秀直播间，分析主播是如何介绍商品卖点的，并思考如何对卖点进行优化，达到最佳，完成表4.2.4。

表4.2.4　优秀主播商品卖点介绍

序号	品类	主播	商品	商品卖点	卖点优化
1	农产品				
2	零食				
3	化妆品				
4	生活用品				

实战演练　尝试提炼不同品类商品卖点。

以小组为单位，借助互联网手段，提炼不同品类商品卖点，完成表4.2.5，注意区别于表4.2.4中的商品。

表4.2.5　商品卖点提炼

序号	品类	商品	商品卖点	卖点策略
1	农产品			
2	零食			

续表

序号	品类	商品	商品卖点	卖点策略
3	生活用品			
4	服装			
5	鞋子			

知识拓展

诚信经营，拒绝夸大事实

主播在直播间介绍的商品卖点必须是真实存在的，不能弄虚作假，主播和商家所做的承诺要真的能满足顾客的需求，不只是说说而已。比如，某家家具店卖床，大肆宣扬只要睡在这张床上，从此就不会失眠。很多老年人买回家去依旧失眠，其实这种举动无疑是砸自己的招牌，毁坏自己的品牌信誉，生意只会越来越差。

任务3 设置直播间福利活动

情境设计

李丽及其团队成员在林老师的指导下，前期完成了直播间商品的选择和定价，了解到在直播中除了要进行预热开场和产品介绍外，还需要适当进行促单转化，提高成交转化率。于是，李丽及其团队成员商量着要给直播间设置福利活动，促进用户在观看直播中下单。除了向林老师取经，李丽及其团队成员还积极借助互联网来学习了解直播福利活动。

任务分解

为了更好地促进下单转化，李丽及其团队成员决定先了解直播间常见的福利活动，再结合直播产品及直播时间设置合适的福利活动。

活动 1　熟悉常见的直播间福利活动

活动背景

李丽及其团队成员在林老师的指导下，利用互联网学习直播间常见的福利活动。

课前引入

根据自己的了解，谈谈直播间的福利活动对直播带货效果有什么影响？

____

____

知识窗

在直播过程中，主播要讲出所介绍商品有什么优惠、福利，以及参加这次直播间活动的用户能享受到什么福利，这样才能吸引用户在直播间留下来，活跃直播间的互动氛围，同时吸引用户关注直播间并产生购买行为。

直播带货属于一种新的营销方式，主播进行直播带货时会采用不同的福利活动来进行促销（图 4.3.1）。

图 4.3.1　直播间福利活动

1. 优惠券

直播间最大的特点之一就是有优惠券，商品价格一般比店铺便宜些，这是直播间吸引粉丝的重要手段。优惠券的面额、发放对象及数量可以根据直播商品来定，这样可以降低消费门槛，激发潜在客户的购买欲。

直播间内通常可发放两种优惠券，见表 4.3.1。

表 4.3.1　直播间内优惠券的类别

类别	说明
单品券	优惠券与直播中的单个商品相结合，适合指定的商品，主要目的是提升单品的销量，打造爆款，也有可能是清库存
全场券	全场通用的优惠券，指的是直播间内购买任一商品，均可直接抵扣，刺激用户消费的欲望

优惠券可以是直减，也可以是满减，如“2 元无门槛优惠券”“满 100 元减 20 元”。

在发放优惠券时，商家不仅要设置一定的规则，如优惠券的使用期限，还要注意优惠券的精准发放。只有这样，优惠券才能够充分发挥其应有的作用，帮助提高商品销量。

2. 秒杀活动

秒杀就是通过发布一些超低价格的商品，让买家在同一时间抢购的一种销售方式。由于商品价格低廉，往往一上架就被抢购一空，有时只用一秒钟，所以称为秒杀。

在直播间不定时地上一些秒杀款产品有利于拉动直播间人气和热度。例如，某店铺每个整点都有一款秒杀价产品，有效地吸引用户留在直播间观看并促进用户下单。

3. 现金红包

主播在直播间派发红包的主要目的是让用户看到具体可见的福利，这是直播间聚集人气、激发互动气氛的有效方式。

4. 促销活动

对于电商直播来说，开展直播间专享促销活动是促进用户下单、提升直播间销量的有效方式。

（1）限定促销

限定促销是利用人们“物以稀为贵”的心理，为用户创造一种商品比较稀少的氛围，使用户认为该商品与众不同，或限定购买的时间，使用户产生紧迫感，从而尽快作出购买行为。

限定促销的形式大致有 3 种，见表 4.3.2。

表 4.3.2　限定促销的形式

限定促销的形式	举例
限时促销	仅限今日购买、秒杀
限量促销	仅剩 100 件、限量款
单品促销	只卖一款、孤品限定

（2）组合促销

组合促销是指将商家可控的基本促销措施组成一个整体性活动。用户作为消费者，其需求是多元化的，要满足他们的需求可以采取的措施有很多。主播合理地组合商品，能够充分发挥整体性优势和效果。

组合促销的形式大致有 3 种，见表 4.3.3。

表 4.3.3　组合促销的形式

组合促销的形式	举例
搭配促销	套装半价起售、优惠组合装
捆绑式促销	买护肤品送面膜、加 10 元换购 ××
连贯式促销	第一件 8 折，第二件半价，第三件免费

（3）奖励促销

奖励促销是指主播通过不同的形式向用户赠送小包装的新产品、金额较低的小件商品。主播在做直播促销时，要让用户在接收营销信息的同时获得奖励，他们在获得奖励以后，心理上会产生一种满足感和愉悦感，对主播的信任度和购买欲望会大幅度提升。

常用的奖励促销的形式有 3 种，见表 4.3.4。

表 4.3.4　奖励促销的形式

奖励促销的形式	举例
抽奖式促销	购买商品抽奖、关注主播抽奖、分享直播间抽奖、抽取幸运粉丝
互动式促销	签到有礼、收藏有礼、分享有礼、下单有礼
优惠券促销	赠送优惠券、抵价券、现金券、包邮券

活动实施

行业观察　知名主播送福利。

以小组为单位，利用互联网手段，选择一个人气较高的直播间，分析该直播间都设置了哪些福利活动？

____

____

小试牛刀　把以下福利活动话术与相应的活动形式连起来。

宝宝们先不要急着下单，这款领了优惠券之后再下单哈	抽奖式促销
新进来的宝宝，记得左上角点关注，只要关注主播就可以领取一张 5 元无门槛优惠券	单品优惠券
直播间的粉丝宝宝们，12 点整的时候我们会进行秒杀活动哦	秒杀活动
宝宝们记得分享一下我们的直播间哦，只要分享我们的直播间可以参加免单抽奖	全场优惠券

知识拓展

直播带货要规范，商品质量要过关

直播带货，借助的形式是直播，但最终交易的仍然是商品，在直播福利活动中的赠品虽然是免费的，但也属于商品。赠品不是“次品”，不能不求质量，只要商品进入市场，就必须遵守《中华人民共和国质量法》的规定，就应该符合国家有关的质量安全标准，不能是假冒伪劣商品。商品质量过不过关、服务有没有保障，才是决定用户下一次会不会“买它”的关键。商家在赠品促销活动中，不但要保证商品的质量，还要保证赠品的质量。如此，才能真正达到促销的目的。

活动 2　设置直播间福利活动

活动背景

李丽及其团队成员熟悉了常见的直播间福利活动后，林老师指导团队成员通过小组研讨，根据直播产品及直播时间设置直播福利活动。

课前引入

回忆一下，在你的直播购物经历中，都享受过哪些优惠活动？列举几个写在下面的横线上。

____

____

回 知识窗

在直播带货时，主播的本质角色就是销售人员，其最大的目的就是把商品销售出去。对于电商直播来说，开展福利活动是提升直播间销量的有效方式。

1. 根据不同用户设置直播间福利活动

直播间的用户主要包含路人、新粉、忠实粉丝等。面临不同的用户可以设置不同的福利活动（表 4.3.5），其实就是满足不同层级用户的一些需求。

表 4.3.5　不同用户的直播间福利活动

用户类型	路人	新粉	忠实粉丝	通用
目的	引导关注 / 成交	引导加入粉丝团	维护粉丝保持黏性	增加关联购买率、下单率
福利活动	新客优惠券	粉丝团专属优惠券 / 福利	粉丝团专属礼品	满减 / 满送 / 赠品

在直播的过程当中，可以做些抽奖活动、发送福袋、红包、优惠券等。

2. 根据不同直播阶段设置直播福利（图 4.3.2）

开场福利 ⇨ 点赞福利 ⇨ 互动福利 ⇨ 半点福利 ⇨ 整点福利

图 4.3.2　不同直播阶段设置直播福利

（1）开场福利

直播开场福利是为了吸引人气，直播开场 5~7 min 后，想让用户留下来，就要适当地进行福利诱惑，如抽奖、限量秒杀、发红包、优惠券、折扣促销等，并号召用户互动刷屏，留住用户观看直播。

（2）点赞福利

直播过程引导粉丝点赞，到达一定数量发放福利品，如“点赞数到 1 万，免单抽奖”，该福利需要真正的福利，需要足够的吸引力，不用主播过多解释，让用户一看就有抢到就是赚到的心态，来吸引用户停留点赞。

（3）互动福利

直播过程中需要与用户进行互动，在互动活动环节可以进行抽奖、红包雨等活动，从而提高互动数据。

（4）半点福利、整点福利

半点福利与整点福利可以是截屏送礼品，通过引导用户发送评论刷屏，获取礼品赠送机会。礼品不一定是直播间的主卖品，可以是跟直播间所卖商品有一定的关联性，如服饰，可以赠送搭配包包、饰品等。在公布了中奖人后，通过主播在直播过程作整点或半点活动的宣传引导，没抢到的用户很有可能会等待停留，在下一个时间点提前过来参加活动。

活动实施

行业观察　分析直播间福利活动。

步骤 1：4 人为一组，利用互联网手段，在直播平台中选择一场知名主播的直播活动，认真回看整场直播活动。

步骤 2：分析整场直播中为不同用户设置的福利活动，完成表 4.3.6。

表 4.3.6　不同用户的福利活动

用户类型	福利活动	活动内容

步骤 3：分析直播过程中不同阶段设置的福利活动，完成表 4.3.7。

表 4.3.7　不同阶段的福利活动

直播环节	活动类型	活动规则

小试牛刀　策划直播间开场福利。

背景：某公司店铺直播间计划在平台大促活动期间开展一场农产品特惠直播。作为直播团队人员，请为直播间设置开场福利，按步骤完成表 4.3.8。

步骤 1：4 人为一组，罗列直播开场可以采用的 4 种福利活动。

步骤 2：小组成员间互相讨论，选择合适的福利活动。

步骤 3：选出小组代表分享成果。

表 4.3.8　直播开场福利活动

直播开场福利活动	1	2	3	4
选择打“√”				

知识拓展

直播带货应规范 理性消费需倡导

直播带货的兴起，满足了消费者购物需求，为商家提供了更为多元化的销售平台，更可以成为提振消费，激发经济活力的有力渠道。同时一些直播带货打出了“低价”“折扣”“优惠”等招牌，满足了消费者买便宜货的欲望。作为消费者，直播购物时应具备理性消费意识；作为主播，应当在直播间引导、倡导消费者理性消费。主播这样做，既可以赢得消费者的信任和好感，又可以为直播带货的良性发展贡献力量。

知名主播直播间，提倡引导理性消费

任务4
策划直播活动脚本

情境设计

李丽及其团队成员开始接触直播脚本的撰写。在林老师的指导下，李丽及其团队成员了解到直播脚本对一场直播的重要性，脚本涉及直播过程的每个环节，有了脚本就可以让主播清楚某个时间该做什么，讲解出更多产品和服务的内容。

任务分解

要设计直播脚本，李丽及其团队成员需要提前学习直播脚本的概念、作用，同时需要分析了解直播脚本的构成，为直播每一个环节、每一件商品的介绍作具体的计划安排，这样才能开展一场顺畅而高效的直播。

活动1　分析直播脚本要素

活动背景

李丽及其团队成员在林老师的指导下，开始学习直播脚本的重要性，分析直播脚本的构成要素。

课前引入

根据自己的所见所闻，谈谈直播脚本在直播电商中有哪些重要性？

____

____

知识窗

直播脚本是指使用特定的描述性语言、针对特定的某一场直播编写的规划方案，以保证直播有序且高效地进行，并能达到预期的目标。

电商直播脚本是一项卖货的计划和规划，主播和相关人员可按照这个内容进行直播。目的是让直播活动朝着预期的方向有序地进行。

对于直播电商来说，直播脚本可以分为单品直播脚本和整场直播脚本两大类。一般来说，整场直播脚本应强调流程、时间、工作配合等；单品直播脚本应侧重于突出商品卖点，强调与用户利益的结合点，以及如何在直播中以体验的方式佐证商品的真实、高效、优惠等。

1. 直播脚本的作用

直播脚本的作用主要体现在以下 3 个方面：

（1）提高直播筹备工作的效率

直播前，直播团队需要制订充分的直播计划，包括如何设置直播主题、如何搭建直播场景、如何设置福利活动等。在开播前制作直播脚本，可以让直播团队成员了解直播过程、明确人员职责，从而保证直播筹备工作顺利进行。

（2）帮助主播梳理直播流程

直播脚本可以帮助主播了解直播的主要内容，梳理直播过程，让主播清楚在某个时间点该做什么、说什么，还有什么没有完成，避免在直播中出现无话可说、对活动规则解释不清的情况。

（3）控制直播预算

对于中小卖家来说，直播预算非常有限，可以通过脚本提前设计优惠券面值、红包金额、赠品福利等，从而控制直播预算。

2. 直播脚本的要素

在设计直播脚本前，直播运营团队首先要明确直播脚本的核心要素，包括明确直播主题、把控直播节奏、调度直播分工、引导直播互动（图 4.4.1）。

图 4.4.1　直播脚本的核心要素

（1）明确直播主题

主题是整场直播的核心，可以指导直播的方向，整场直播的内容需要围绕直播主题进行拓展。要明确直播主题，首先要明确本场直播的目的，是提高企业的知名度还是开展大型促销活动，是品牌上新、回馈用户，还是店铺庆。明确直播主题，吸引用户观看直播，是直播电商中最关键的步骤之一。

主播在直播时内容要从用户需求出发，符合直播主题，其他与直播主题不相关的话题可以忽略，应注重垂直内容的输出。例如，“五一狂欢福利专场”，主播在直播时不要介绍其他节日的特色产品。

直播主题可以是紧抓当下的热点主题，如“双十一”“618 购物节”等，也可以是一些节日主题，或者商家自己创造的节日主题，如店铺周年庆等。

直播主题的确定

（2）把控直播节奏

把控直播节奏可以通过让主播预习当天的直播内容，熟悉当天直播的商品来实现。把控直播节奏在很大程度上可以让直播有条不紊地进行。

一份合格的直播脚本应具体到分钟，如 10 点开播；10 点到 10 点 10 分进行直播间的开场预热，与用户打招呼等。

另外，直播脚本的内容应包括对商品的介绍安排，如一款商品介绍多长时间，直播团队应尽可能提前把时间规划好，主播在直播时才能按照计划执行，可以为每一款商品制订一份简单的单品直播脚本，以表格的形式将商品卖点和优惠活动标注清楚，以避免主播在介绍商品时手忙脚乱、混淆不清。

（3）调度直播分工

直播是动态的过程，不是主播一个人的事情，会涉及人员的配合、场景的切换和道具的展示，调度直播分工可以指导主播、助播、场控的话术、动作等。包括直播参与人员的分工，如主播负责引导用户、介绍商品、解释活动规则；助播负责现场互动、回复问题等；后台发布商品链接、修改商品价格等。

优秀的直播脚本要顾及各个流程环节和团队的配合，从而保证在正式直播时，内容有条不紊，而不是处处随机。总之直播分工就是时间、场景、人员、道具、商品的综合性调度。

（4）引导直播互动

互动、游戏、福利等在什么时段插入，要提前制订执行方案并体现在脚本上，这样可以让主播有一个明确的操控。脚本可以设置一些限时、限量的利益点，并在特定的时间发放。

活动实施

技能初探　讨论一场直播的主题。

步骤 1：4 人为一组，为某品牌零食策划一场直播活动。

步骤 2：结合零食品牌特色及时间节点，确定直播主题、主播并选择直播商品。

步骤 3：将小组讨论结果填入表 4.4.1 中，并由小组代表分享成果。

表 4.4.1　直播主题分析表

项目	活动类型
直播时间	
直播主题	
直播商品	
主播	
品牌优势	

行业观察　分析直播现场人员的安排。

以小组为单位，利用互联网手段，选择一场直播参与者超过两人的直播间，回看某一时段直播内容，分析本场直播过程中的人员安排，并完成表 4.4.2。

表 4.4.2　直播人员安排表

<table>
<tr><td>直播主题</td><td colspan="2"></td></tr>
<tr><td>直播时间</td><td colspan="2"></td></tr>
<tr><td>直播品类</td><td colspan="2"></td></tr>
<tr><th>序号</th><th>岗位类型</th><th>工作内容</th></tr>
<tr><td>1</td><td></td><td></td></tr>
<tr><td>2</td><td></td><td></td></tr>
<tr><td>3</td><td></td><td></td></tr>
<tr><td>4</td><td></td><td></td></tr>
</table>

知识拓展

直播主题正能量，切勿盲目蹭热点

现在是一个网络时代，播商的时代，有创意的直播主题，能提高直播的竞争力。好的直播主题有助于吸引用户进入直播间，借助热点设计直播主题或打造直播话题，能够吸引大量流量。但是直播主题和直播内容是相关的，要有真实性，不能盲目蹭热点，要选择正能量的热点作为直播主题的策划方向。

某零食品牌“湖北重启 抖来助力”直播活动

活动 2　设计单品直播脚本

活动背景

李丽及其团队成员在林老师的指导下学习了直播脚本的理论知识，要顺利开展直播，需要对直播商品设计单品直播脚本。

课前引入

表 4.4.3 中的产品是某公司即将在直播间推广的新品，假设你是该公司负责直播营销任务的团队成员，你觉得在直播间介绍产品环节应该介绍产品的哪些信息？以 4 人为小组，进行讨论、分析，并将结果填入表 4.4.3 中。

表 4.4.3　直播产品信息表

产品	产品信息	介绍要点
	产品名称：折叠便携式迷你充电款手持风扇 产品价格：49.9 元	

□ 知识窗

单品直播脚本就是基于单个商品的直播脚本，其核心是突出商品卖点，它对应整场直播脚本的商品介绍部分。

在一场直播中，主播会向用户推荐多款商品，主播必须对每款商品的特点和营销手段有清晰的了解，才能更好地将商品的亮点和优惠活动传达给用户，刺激用户的购买欲。为了帮助主播明确商品卖点，熟知每款商品的福利，直播团队最好为每一款直播商品设计一份对应的直播脚本。

单品脚本一般以表格的形式呈现，其要点包含商品价格、商品导入、商品品牌、商品卖点、商品利益点、引导转化等，各要点呈现层层递进的关系，见表 4.4.4。

表 4.4.4　单品直播脚本模板

要点	说明
商品名称	商品名称信息，也可以是商品图片
商品价格	商品的日常价和直播活动价
商品导入	为引出商品作铺垫，结合用户需求导入，向用户说明“为什么要买”。例如，话题引入，用“夏天容易晒黑甚至晒伤”的话题引出防晒霜或防晒喷雾
商品卖点	介绍商品属性和商品的功能、作用，向用户说明“为什么值得买”。商品属性包括颜色、材质、品牌、规格等
商品利益点	介绍商品给用户带来的利益或好处，如安全、舒适、耐用、方便，向用户说明“为什么必须买”
引导转化	引导用户“马上买”，通常采用“限时限量”的手法营造紧迫感，或通过“比价”体现价格优势促进用户下单，如“限量 100 件，先拍先得”

在“商品卖点”要点中，主播可以根据不同品类罗列不同的商品卖点，主要为以下 4 个方面：

①商品品牌：品牌理念、品牌故事里能打动用户的内容。

②商品属性：颜色、规格、材质、成分、功能等。

③商品使用感觉：食品的口感、服饰的使用场景和效果、美妆用品的使用方法和效果等。

④商品的直接或间接背书：名人使用、所获奖项、销售数据、资质认证等。

活动实施

小试牛刀　设计单品直播脚本。

背景：民以食为天，食以安为先。国家严防严管严控食品安全风险，保证人民吃得放心安心！为了让群众吃上放心年货，需要为群众挑选安心食品，公司准备策划一场“放心年货节”的美食专场直播活动，其中主打的坚果大礼盒为众多年货中备受青睐的年货佳品。请选择一款坚果大礼盒，策划一份直播脚本。

步骤 1：4 人为一组，选择一款坚果大礼盒。

步骤 2：收集分析坚果大礼盒的信息，策划坚果大礼盒的脚本，完成表 4.4.5。

表 4.4.5　坚果大礼盒直播脚本

要点	具体内容	
商品名称		
商品价格		
商品导入		
商品卖点	品牌	
	口感	
	包装	
商品利益点		
引导转化		

知识拓展

直播稳健发展　助力国货振兴

直播电商迅猛发展，呈现出交互性强、转化率高、消费去中心化等优势，让更多中小国货品牌被看见、被发现、被体验、被穿戴上身，助力中国原创设计普及、中高端供应链国产化。

宫廷剧进入直播间，新国货 + 古装剧巧妙结合

活动 3　设计整场直播脚本

活动背景

设计了单品直播脚本，接下来李丽及其团队成员就要结合直播要素设计整场直播脚本，规划好具体的直播流程。

课前引入

利用网络搜索并观看一个直播案例，记录整场直播活动的流程，并分析整个直播团队成员是如何互相配合的。

____

____

知识窗

整场直播脚本就是以整场直播为单位，对整场直播进行内容规划，重点是把控直播节奏。一般带货直播通常会持续几个小时，在这段时间里，主播先讲什么、什么时间互动、什么时间推荐商品、什么时间送福利等，都需要提前规划好。直播运营团队需要提前设计好整场直播脚本。

优秀的整场直播脚本不仅要展现直播的主题、确定直播时间、明确直播人员的分工，还要考虑直播过程中的具体时间规划，让主播从上播到下播都有条不紊，让每个参与人员、道具都得到充分展示。表 4.4.6 为一份整场直播脚本示例。

表 4.4.6　整场直播脚本示例

×× 直播活动概述	
直播主题	五一狂欢福利专场（护肤品）
直播目标	流量目标：吸引 5 万人观看 销售目标：销售额达到 20 万元 吸粉目标：增粉 1 000 人
直播人员	主播：××；助播：××
直播时间	2022 年 5 月 1 日，19：30—22：30
商品数量	10
注意事项	①合理把控商品讲解节奏 ②适当延长商品功效的讲解时间 ③注意回复用户的提问，要多与用户互动，避免直播冷场

续表

直播流程				
时间段	流程安排	人员分工		
		主播	助播	场控 / 后台
19 ：30—19 ：40	开场预热	暖场互动，介绍直播截屏抽奖规则，引导用户关注直播间	演示直播截屏抽奖方法；回复用户的问题	推送开播通知；收集中奖信息
19 ：40—19 ：50	活动剧透	剧透今日新款商品、主推款商品，介绍直播间福利活动	补充主播遗漏的内容，引导用户点赞	推送直播活动信息
19 ：50—20 ：00	讲解商品	分享护肤经验，并介绍第一款商品，展示商品使用方法，分享商品使用经验	配合主播演示商品使用方法，展示使用效果，引导用户下单	发布商品链接，回复用户订单咨询
20 ：00—20 ：10	互动	为用户答疑解惑，与用户进行互动	引导用户参与互动	收集互动信息
20 ：10—20 ：20	讲解商品	介绍第二款商品，展示商品使用方法，分享商品使用经验	配合主播演示商品使用方法，展示使用效果，引导用户下单	发布商品链接，回复用户订单咨询
20 ：20—20 ：25	红包活动	与用户互动，发送红包	提示发红包的时间节点，介绍红包活动规则	发红包，收集互动信息
20 ：25—20 ：35	讲解商品	介绍第三款商品，展示商品使用方法，分享商品使用经验	配合主播演示商品使用方法，展示使用效果，引导用户下单	发布商品链接，回复用户订单咨询
20 ：35—20 ：45	讲解商品	介绍第四款商品，展示商品使用方法，分享商品使用经验	配合主播演示商品使用方法，展示使用效果，引导用户下单	发布商品链接，回复用户订单咨询
20 ：45—20 ：55	福利赠送	介绍第一轮奖品和抽奖规则，引导用户参与抽奖	介绍并演示抽奖的方法	收集获奖信息
20 ：55—21 ：05	讲解商品	介绍第五款商品，展示商品使用方法，分享商品使用经验	配合主播演示商品使用方法，展示使用效果，引导用户下单	发布商品链接，回复用户订单咨询
21 ：05-21 ：15	讲解商品	介绍第六款商品，展示商品使用方法，分享商品使用经验	配合主播演示商品使用方法，展示使用效果，引导用户下单	发布商品链接，回复用户订单咨询
21 ：15—21 ：20	福利赠送	介绍第二轮奖品和抽奖规则，引导用户参与抽奖	介绍并演示抽奖的方法	收集获奖信息
21 ：20—21 ：30	讲解商品	介绍第七款商品，展示商品使用方法，分享商品使用经验	配合主播演示商品使用方法，展示使用效果，引导用户下单	发布商品链接，回复用户订单咨询

续表

直播流程				
时间段	流程安排	人员分工		
		主播	助播	场控 / 后台
21：30—21：40	讲解商品	介绍第八款商品，展示商品使用方法，分享商品使用经验	配合主播演示商品使用方法，展示使用效果，引导用户下单	发布商品链接，回复用户订单咨询
21：40—21：45	福利赠送	介绍第三轮奖品和抽奖规则，引导用户参与抽奖	介绍并演示抽奖的方法	收集获奖信息
21：45—21：55	讲解商品	介绍第九款商品，展示商品使用方法，分享商品使用经验	配合主播演示商品使用方法，展示使用效果，引导用户下单	发布商品链接，回复用户订单咨询
21：55—22：05	讲解商品	介绍第十款商品，展示商品使用方法，分享商品使用经验	配合主播演示商品使用方法，展示使用效果，引导用户下单	发布商品链接，回复用户订单咨询
22：05—22：10	福利赠送	介绍第四轮奖品和抽奖规则，引导用户参与抽奖	介绍并演示抽奖的方法	收集获奖信息
22：10—22：25	商品返场	对销售情况较好的商品进行返场讲解	协助场控 / 客服向主播提示返场商品，协助主播回复用户问题	收集、分析每款商品的点击转化数据，向助播与主播提示返场商品，回复用户订单咨询
22：25—22：30	直播预告	预告下一场直播的时间、福利、直播商品等	协助主播引导用户关注直播间	回复用户订单咨询

活动实施

行业观察　分析直播时长。

步骤 1：4 人为一组，浏览查询各大知名主播的带货直播信息。

步骤 2：对比各主播的直播开始时间及结束时间，分析直播时长，完成表 4.4.7。

表 4.4.7　直播时长分析表

主播	品类	直播开始时间	直播结束时间

实战演练　规划直播环节的时长。

背景：某国货品牌化妆品计划开展一场 2 h 的直播，推荐 5 款商品，其中 1 款特价包邮的商品、1 款高性价比的商品、两款能“走量”盈利的商品、1 款限购的商品。

步骤 1：规划直播商品结构。

____

____

步骤 2：规划商品推荐时长，完成表 4.4.8。

表 4.4.8　商品推荐时长规划表

商品总推荐时长	商品 1 推荐时长	商品 2 推荐时长	商品 3 推荐时长	商品 4 推荐时长	商品 5 推荐时长

步骤 3：设计直播活动环节，并规划时长，完成表 4.4.9。

表 4.4.9　直播活动环节时长规划表

活动环节	开场打招呼	暖场			
时长					

步骤 4：确定直播商品推荐及直播活动的顺序，并确定各环节的时间规划，完成表 4.4.10。

表 4.4.10　直播所有环节时长规划表

环节					
时长					

知识拓展

培养村播“新农人”，建设富饶新农村

各直播平台和直播服务机构纷纷加速对农村市场的布局，促进人才回流和工业品下乡、农产品进城，充分发挥新市场模式和“新农具”在乡村振兴与新农村建设中的积极作用。培养村播“新农人”，建设富饶新农村，是每一个直播电商从业者的时代责任。

“心连心系列公益带货直播”走进四川省凉山州喜德县

合作实训

为了更好地理解和掌握直播脚本，将进行下述实训操作：

实训背景：星秀传媒工作室正在开展“暖心助农直播”项目，希望通过直播平台帮助茶农把茶叶推广出去。

实训描述：本次实训要求结合营销主题和茶叶特点，设计一场利用淘宝直播平台开展 2 h 的直播脚本。

实训步骤：回顾本任务所学知识并按照以下步骤进行实训：

①确定直播主题及直播目标。

②确定直播商品，安排人员分工。小组讨论分析，初步确定直播商品，并对直播人员进行分工。

③根据要求，明确直播各个环节的福利活动，设计粉丝互动环节等。

④撰写整场直播脚本，见表 4.4.11。

表 4.4.11　整场直播脚本

整场直播脚本				
直播主题				
直播目标				
直播人员				
直播时间				
商品数量				
注意事项				
直播流程				
时间段	流程安排	人员分工		
		主播	助播	场控 / 后台

实训评价： 同学们完成实训操作后，提交整场直播脚本。教师根据整场直播脚本内容，按表 4.4.12 中的内容进行打分。

表 4.4.12　实训评价

序号	评分内容	总分	教师打分	教师点评
1	是否能确定直播主题	15		
2	是否能设置直播目标	20		
3	是否能规划直播活动流程	30		
4	是否能安排好人员分工	15		
5	是否能做好营销活动	20		

总分：＿＿＿＿＿＿

项目小结

本项目是实施直播电商活动的前提，通过本项目的学习，同学们了解了直播前的筹备工作，包括选择并规划直播商品、挖掘商品卖点、设置直播福利活动、设计直播脚本，掌握了直播选品技巧、定价方法、挖掘商品卖点和设计脚本的能力，通过活动实训更深入了解了直播筹备的专业性和重要性，培养了学生脚踏实地的工作态度，规范了职业行为，树立诚信意识。

项目检测

1. 判断题（正确的打“√”，错误的打“×”）

（1）直播选品时，不需要考虑主播人设。（ ）

（2）卖点提炼法则 FABE 里面的“F”指的是产品利益。（ ）

（3）直播脚本是为新手主播准备的，有经验的主播不需要提前准备脚本。（ ）

（4）直播时间到了就准时开播，不能早也不能晚。（ ）

（5）商品定价只要位数有小数的都属于尾数定价，如 201.1 元。（ ）

2. 单项选择题（每题只有一个正确答案，请将正确答案填在括号后）

（1）下列属于阶梯定价的是（ ）。

A. 羽绒服定价 399 元，后台额外赠送 100 元的券

B. 唇膏第 1 支 19.9 元，第 2 支 9.9 元，第 3 支 0 元

C. 补水面膜 69.9 元一盒，买一赠一

D. 粉丝福利，原价 199 元的连衣裙，今天直播间只要 99 元

（2）在某直播活动中，主播说“今天直播间为宝宝们准备了 50 万现金红包，到整点时都会发放红包，大家千万不要错过哦”，请问这属于哪种类型的福利活动。（ ）

A. 现金红包　B. 优惠券　C. 抽奖活动　D. 秒杀活动

（3）可以成为直播间的引流款的商品是（ ）。

A. 利润商品　B. 福利商品　C. 主推商品　D. 高价商品

（4）关于福利活动，下列说法错误的是（ ）。

A. 发完红包和优惠券后，可以让粉丝晒晒自己的红包、优惠券和奖品

B. 福利不能集中发放，要分散在直播中的各个环节

C. 送福利的首要目标是让用户产生购买行为

D. 主播要尽量通过点赞数或弹幕数把握直播福利发放的节奏

（5）下列不属于整场直播脚本要点的是（ ）。

A. 直播主题　B. 人员安排　C. 直播流程　D. 商品卖点

3. 多项选择题（每题有两个或两个以上的正确答案，请将正确答案填在括号后）

（1）下列定价中属于尾数定价的有（ ）。

A.19.9 元　B.99 元　C.3.9 元　D.53.1 元

（2）直播脚本一般可以分为（ ）。

A. 促销脚本　B. 整场直播脚本　C. 演示脚本　D. 单品直播脚本

（3）下列直播间选品策略中，属于高性价比的有（　　）。

A. 商品具有特色　B. 商品质低价位　C. 无条件退换　D. 赠送大额优惠券

（4）下列属于按市场趋势选品的是（　　）。

A. 中秋卖月饼　B. 端午卖元宵　C. 冬天卖羽绒服　D. 夏天卖风扇

（5）一份整场直播脚本主要包括（　　）。

A. 直播目标　B. 人员安排　C. 直播流程　D. 直播预热

4. 简答题

（1）主播在选品时，可以参考哪些方面进行选择？

（2）简述商品卖点提炼的方法。

（3）主播在对直播间商品数量进行配比时，按主次类目的配比是多少？按销售情况的配比是多少？

（4）说说脚本的重要性。

项目 5
促单转化技巧：提升直播间营销力的关键

□ 项目综述

“工欲善其事，必先利其器”。通过前期的学习，李丽及其团队成员已经能策划、筹备一场直播活动，但在依托网络直播平台的带货活动中，如何让消费者认可、接受产品，提升直播间营销力，是李丽及其团队成员急需解决的问题。

于是，李丽联系林老师，请老师给自己的团队更多指导。林老师告诉李丽，运用优秀的话术，可以有效抓住观众消费动机；掌握直播商品的介绍方法，能快速引起消费者兴趣；增强与直播间用户的互动，会激发起其购买欲望，最终促成下单。接下来，让我们走进项目5，和李丽一起学习促单转化技巧，提升直播间营销力。

□ 项目目标

通过本项目的学习，应达到的具体目标如下：

知识目标

◇了解直播间用户消费动机。
◇掌握直播营销话术设计要点及原则。
◇熟悉直播商品介绍的逻辑。
◇认识直播间商品五步销售法。
◇掌握直播间互动方法。

能力目标

◇能够巧用直播间常用话术。
◇能够抓住商品讲解要点。
◇能够利用不同渠道提升直播间互动氛围。
◇提高学生的语言表达能力。

素质目标

◇养成认真踏实、积极进取的工作作风。
◇保持对直播行业的敏感性。
◇具备直播行业的职业道德，遵守行业法律、法规。
◇弘扬直播正能量，直播助学、直播助农。

□ 项目思维导图

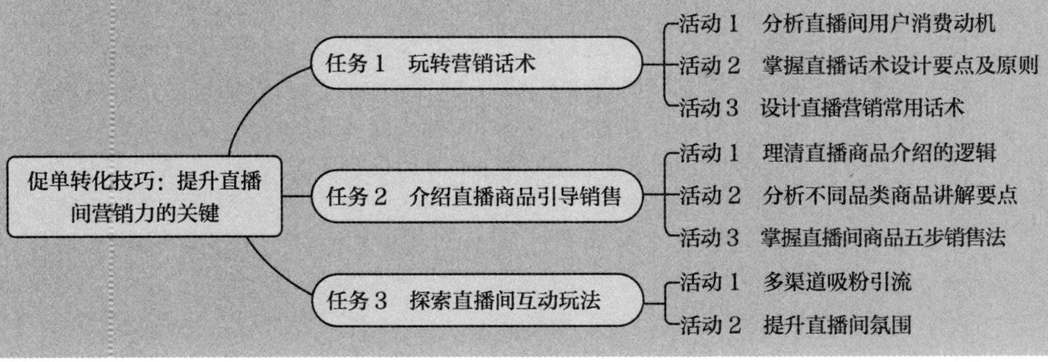

任务1
玩转营销话术

情境设计

李丽经过林老师的启发，认识到每一位进入直播间的用户，都有可能转化为团队的顾客，团队应该用心对待。首先，要充分挖掘直播间用户消费动机，找准用户的关注点；其次，精通直播话术设计，通过巧用直播话术，留住用户，刺激需求，引发动机；最后，促进用户在观看的过程中下单。现在李丽及其团队成员着手学习，如何分析直播间用户消费动机？直播话术设计要点及原则是什么？怎样设计直播营销常用话术？

任务分解

为了留住观众，提高成交转化率，李丽及其团队成员在林老师的帮助下，逐渐熟练掌握直播营销话术的使用。根据分析得出直播间用户消费动机，了解直播话术设计要点及原则，结合实际设计直播营销常用话术，灵活应用于直播活动中。

活动 1　分析直播间用户消费动机

活动背景

直播带货最终的目的是将观众的注意力转化为购买力，研究消费者的需求和偏好，将影响主播能否在最短的时间里吸引观众，提高下单率。接下来，李丽及其团队成员在林老师的指导下，利用网络学习分析直播间用户消费动机，并采取针对性措施促使成交。

课前引入

某国产品牌最新推出圣诞“许愿星”限定礼盒，旗舰店主播讲解了礼盒的产品搭配，告知大家限定款产品卖完将不再上架，还着重介绍礼盒及内附限定单品的蓝闪包装，强调以流星划过星空的轨迹为灵感，纯手工定制镂空的星形设计，还原流星划过的星夜场景，同时礼盒附赠卡片和语音留言功能，非常浪漫和有仪式感。礼盒上架后，主播和助理给大家安利各种优惠，原价 539 元，到手价只需要 479 元；下单后备注品牌名称，送赠品，还可以抽免单，最高免 199 元；充值购物金再下单可打 95 折，购物金用不完随时退。

案例分析：

以上案例为某主播在实施直播活动时采用的促单技巧，假如你在观看该场直播活动，你是否会下单购买，请分享原因。

知识窗

1. 消费动机

（1）消费动机的含义

动机是指激发个体行动，维持其活动导向一定目标的心理倾向或内部驱动力。消费动机就是推动消费者为满足某种需要，而产生购买行为的欲望或意念。消费动机是消费者行为产生的内在动力和主观原因，只有充分了解消费动机，才能更好地预测消费者的购买行为，及时响应，并采取高效的促销方法。

（2）消费动机的形成因素

消费动机的形成主要有两个因素：一是需求；二是刺激。需求是消费动机产生的基础，刺激是消费动机产生的条件。不是所有的需求都能转化为消费动机，受诸多条件的约束，只有被唤醒、刺激、放大的“优势需求”才能引发动机，产生购买行为。刺激可以是内部，也可以是外部环境刺激、营销刺激。

消费者购买行为产生的过程如图 5.1.1 所示。

图 5.1.1　消费者购买行为产生的过程图

（3）消费动机的特点

①主导性：消费者的诸多消费需求中，优势消费需求将会产生主导动机，进而引起优先购买行为。

②内隐性：消费者由于某种原因，不想让他人知道自己的真实消费动机，或者消费动机在消费者意识里，处于潜意识状态。

③转移性：消费者在购买过程中，如果出现新的刺激，原来的主导购买动机和辅助购买动机会相互转化，甚至消失。

④矛盾性：消费者同时有两种及以上消费动机，且消费动机此消彼长时，就会出现矛盾，需要通过权衡考量、趋利避害来解决。

(4)消费动机的种类

消费动机是复杂多样的，从动机起源的角度可以分为生理动机和心理动机。生理动机是以人体需要为基础的消费动机，如饥、渴、冷、暖、自我保护等动机；心理动机是由人们的认识、感情、意志等心理过程而引起的消费动机。当今社会物质发达，相比生理动机，消费者购买行为更多地受到心理动机的影响。心理动机可分为感情动机、理智动机、惠顾动机三大类型。

感情动机是由消费者的情绪和情感所引起的消费动机。前者包括人们的喜欢、快乐、好奇等，具有冲动性、不稳定性；后者包括人们的道德、审美、社交等，具有深刻性、稳定性。

理智动机是消费者对产品认真观察、反复比较后产生的消费动机，具有客观性、周密性。消费者主要受理性思维的控制，首选产品质量和性能，其次才关注产品的经济价值。

惠顾动机是基于前面两种动机之上，消费者根据以往的购买经历，对特定的店铺、厂牌或商品产生特殊的信任和偏好，在下单时不受其他同质产品的吸引和干扰，长期重复地、习惯地访问购买的一种行为动机。它具有方向性、固定性。

其中，各类动机的细分见表 5.1.1。

表 5.1.1　消费动机的种类细分

类型	细类	说明	关键词
感情动机	求新动机	产品的新颖与时尚	“新款”“流行”
	求美动机	产品本身存在美、创造出美和美感	“造型 ”“色彩 ”“款式”“美化”
	求异动机	产品的与众不同	“有趣”“奇特”
	嗜好动机	产品满足兴趣爱好	“喜欢”
	从众动机	受他人影响，盲目跟随	“同款”“排名”“评价”
	馈赠动机	基于特定情感，回赠他人	“帮扶”“纪念”“交换”
理智动机	求实动机	产品的实用价值	“实惠”“实用”
	求名动机	产品的品牌、知名度、等级	“商标”“牌号”“名声”
	求好动机	产品的品质优良	“物美”
	求廉动机	产品的价格便宜	“价廉”
	求便动机	产品减轻劳动强度、使用方法简单、购买过程简单	“省力”“省心”“省时”
惠顾动机			“信任”“偏好”“重复”“习惯”

需要指出的是，消费者在购买决策时，并不只受一种动机的影响，常常是多种动机共同作用的结果。例如，消费者下单一双新款品牌运动球鞋，除了受嗜好动机的影响，也受求新、求名动机的影响。直播团队在前期准备时，要充分考虑消费动机，根据自家的产品属性来营造与目标消费者期待的一致体验，从而让自己的产品被消费者所接受。

2. 针对性促单技巧

分析完直播间消费者的消费动机后，可以采用以下措施提高直播转化率：

（1）强调商品优势，引导客户需求

每个商品都有自己的特质，它不可能满足每位客户的要求，主播自己要先对商品了如指掌，提炼出产品的卖点。在面对不同客户推荐产品时，主播能综合产品的优势来说服客户，用生动形象的语言把产品特点跟顾客需求相联系，或转变顾客对产品的关注点，增强客户对产品的认知度，最大限度地激发客户购买的热情。例如，“我们的产品原材料来自 ××，质量采用 ×× 标准，最主要的是用起来方便、简单、结实、耐用”。

（2）组合优惠策略，叩开客户心扉

网络直播电商最终的目的是把产品卖出去，而客户对价格最敏感。无论直播什么价位的产品，定价有多合理，大多数客户的第一反应都是“还能再便宜点”。直播团队要想办法让客户觉得占到便宜，这是最后的优惠机会，再不下单，就会被抢走。主播可以通过价格促销、抽奖促销、赠品促销、限定促销等优惠策略，增强客户购买欲望，刺激客户快速购买。例如，“今天这个产品只要 9.9 元，限量 1 000 单，且只上架 5 分钟，售完不再补货”。

（3）利用舆论影响，取得客户认同

人生活在社会环境中，必然会受到群体的影响。利用社会舆论诱导客户，让客户觉得你言之有理，使用你的产品确实物有所值。主播可以在直播间直接试用产品，与所有观众粉丝分享体验和成效；也可以在安利产品时，指出是今年流行款、×× 风格款、×× 名人同款；还可以把产品受到过的好评奖项罗列，多管齐下，得到客户的认可，促成客户作出购买决策。例如，“我们家的产品已经连续 ×× 年在品类消费调查中取得第 ×× 名的成绩”。

活动实施

技能初探　分析以下直播场景用了哪一种促单技巧，对应哪一类消费动机。

①这款曲奇甄选优质的原料，没有加入任何食品添加剂和防腐剂，色泽金黄，入口酥脆。

____

②山楂条采用轻巧的独立小包装，容易携带，随时随地来一条，酸酸甜甜好滋味。

____

③主播跟品牌方争取了好久，才拿到今天这个价格，真的很低很低了，买到就是赚到！

____

④买这款产品的顾客很多，你看，这些都是他们确认收货、反馈好评的截图。

____

实战演练　根据直播活动前分析的消费动机，选择直播过程中使用的促单技巧。

开学季将至，学生需要准备文具。某文具店为回馈社会，委托星秀传媒工作室开办一场文具专场直播，所得利润用于帮助该地区的就学困难儿童。工作室觉得这项活动非常有意义，很适合学生参加，于是邀请博达学校的学生协助工作室完成这个任务，作为一名主播在直播间展示文具，力争家长和学生在该文具店选购文具。假如你们小组是该校学生，请调查分析客户归属的消费动机类型，根据结果选择正确的促单技巧提高下单率。

按照以下步骤完成表 5.1.2 和表 5.1.3。

步骤 1：4 人为一组，准备一份客户消费动机调查问卷。

步骤 2：开展该地区客户的消费动机调查。

步骤 3：汇总客户主要的消费动机。

步骤 4：相互讨论，选用合适的促单技巧。

步骤 5：选出小组代表分享成果。

表 5.1.2　客户消费动机类型调查问卷表

1. 调查目的
2. 调查题目

表 5.1.3　分析消费动机选择促单技巧表

小组成员	
调查目的	
调查题目	
客户主要的消费动机	
相应的促单技巧	

知识拓展

充当超级顾客　体验促单妙招

作为一名超级顾客，进入一位知名主播的带货直播间，体验自己是顾客的心理活动，因为哪些因素对商品心动，下单前有哪些疑虑。观察主播应对自己每次提问时的反应，怎样巧用直播促单技巧，引发你的消费动机，促成下单。记录整场直播的观看心得，作为将来实践的参考依据。

活动 2　掌握直播话术设计要点及原则

活动背景

单凭了解直播间用户消费动机，主播还不能完成一场高质量的直播活动，主播需要把促单技巧转换为一套优秀的直播话术，才能留住直播间的观众，从而促成用户下单，转化率翻倍。李丽及其团队成员需要在林老师的指导下，利用网络学习直播话术设计要点及原则。

课前引入

回想你所观看的直播活动，写出 3 条你印象最深刻的直播话术，并说说原因。

1.________________________________

2.________________________________

3.________________________________

知识窗

1. 直播话术

所谓直播话术，就是直播过程中，主播说话的技术、技巧，是一种说话的艺术。直播话术设计是根据用户的需求动机，结合产品的自身卖点，应用有效的心理策略，有针对性地组织一套实用性强的推销语言。直播话术不是独立存在的，它与主播的行为习惯、表情动作、现场展示等密切相关。

2. 直播话术设计要点

（1）通俗易懂

越是朴实简单的语言，越能打动人心。主播要实现营销目标，通俗易懂的话语表达最有效，华丽复杂的文辞只会让大众难以接受和回应，感到缺乏诚意。特别在推荐产品时，主播不要只会说呆板枯燥的专业词汇，把产品的参数值变成接地气的话，配合丰富的肢体语言、生动的面部表情、真实的现场演示等，增强话术的表达效果，提升主播整体表现的感染力，使用户更容易作出购买行为。

例如，主播推介一款免手洗平板地拖，如果只会刻板地念关键词：伸缩手柄、一字刮刀、旋转拖头、加厚拖布、干湿两用，用户听完会没有任何触动。

如果主播设计一段口语化的话术，则效果大有不同：一个整洁的家，总是能给我们带来美好的心情。可每天维持地面的干净，没那么容易。这款免手洗平板地拖，就是一款清洁卫生神器。可调节长度的手柄，让我们摆脱弯腰的麻烦，推拉杆一下一上，即可刮净脏物污水，搭配的拖头360°灵活旋转，清洁死角非常方便，而拖布采用的细纤维，既能除尘吸毛发，又能去污不留痕，给我们的生活带来意想不到的便利，赶紧抢购一套吧。

（2）因时制宜

直播没有固定的话术模板，虽然成熟的主播会有自己的一套话术体系，但直播过程难免会出现各种突发情况，需要主播能够临场发挥，转换措辞去应对。新手主播处在摸索阶段，常常会套用一些话术框架，但不能千篇一律。归根结底直播是人与人之间的沟通交流活动，主播需要随机应变，灵活地运用话术，向用户传递产品各方面的信息，让用户感受企业的实力与信誉，让用户认同团队的专业与负责。

尤其与用户互动时，主播一定要把握话术的分寸，有理有据，活跃气氛。面对提问，主播要耐心作答；面对赞美，主播需积极回应；面对建议，主播应斟酌采用；面对批评，主播得正视内省；面对叱骂，主播当理智对待。如果实在摸不到技巧，主播可以多去观摩大主播是如何掌控一场直播的，逐渐改变自己的说话方式、方法、态度，形成自己的话术风格、套路。

（3）配合情绪

直播像是一场即兴表演，主播就是其中的主角，想要把自己的情绪渲染给用户，让用户产生共情，话术是最好的表达工具。积极正面的言语会传递让人愉悦快乐的信息，调动用户的情绪，产生最佳的观看体验，推动客户下单；消极负面的语言会导致用户心情欠佳，甚至反感主播，纷纷离场而去。主播在直播前要调整自己的情绪，切忌过于紧张、胆怯，以免开播后支支吾吾、尴尬冷场；尽量不要过度亢奋、自信，避免开播后滔滔不绝、胡说八道。

（4）把握节奏

节奏不等于语速，主播如果单纯追求话术的流利，就可能讲太快而导致吐字归音不清，用户听不全直播的内容，但讲太慢也不行，用户会感觉直播的内容平平淡淡，主播没有活力。

主播语速最好控制在 140~180 个字，根据所表达的内容适当增减。同时，主播的语调应该富于变化，抑扬顿挫，这样才能更好地表现思想和情感，牢牢吸引住用户。主播在销售爆款产品时，话术节奏要掌握好，保持高度热情，逻辑清晰，语言明快，铿锵有力，突出重点。

3. 直播话术设计原则

直播话术就是主播在直播间中的语言，带有营销色彩，目的是拉近主播与用户之间的距离，获取用户信任，让用户了解产品进而购买产品。直播团队在设计直播话术时，需要符合三原则，如图 5.1.2 所示。

图 5.1.2　直播话术三原则

（1）专业性

网络直播虽然日趋同质化，但专业能力是主播直播的核心竞争力，直播话术的专业性体现在两个方面：一是主播对产品的认知程度；二是主播语言表达方式的成熟度。

首先，主播既要了解产品及背后涉及的知识，还应仔细比对测评市面上的竞品，做到知己知彼，能从专业的角度指导用户正确使用产品，帮助用户选择合适的产品。开播时，主播话术才有足够的推荐力和种草力，提升观众对产品的信任感。其次，主播的沟通表达能力很重要。优秀的主播应该具备扎实的语言基础、成熟的交流方式，避开具有争议性、敏感性、禁忌性的词汇或话题，用自身丰富的话术去赢得用户的认同，提高用户的黏性，引导用户产生购买的欲望。

直播话术的专业性对一些 3C 类和科技类产品（图 5.1.3）非常关键。如果直播 3C 类产品，主播要熟悉产品生产工艺、性能、功能、技术指标等，能抓住推荐产品的优势或与其他商品的差异，展示时突出产品给用户带来的体验。如果直播科技类产品，主播对产品的先进性、智能化、附加价值要有深刻的认识，明确产品与传统产品的不同之处，强调产品给用户带来的贴心个性化服务。

图 5.1.3　3C 类和科技类产品图

（2）真诚性

在直播过程中，不少主播说话都会有意识地带节奏，营造紧张气氛，套路用户下单。其实，真诚才是最好的带货方法，是长久的经营之道。主播多站在用户的角度，与用户真诚地沟通互动，而不是想方设法取悦用户，或者照着厂商的剧本推销，应该为用户带来更多更好的产品和服务。

好的直播间一定是分享式直播，主播在直播时更像是与朋友聊天，主播向朋友分享自己用过的产品，以真诚的态度进行交流，要坦白，讲肯定的话，不弄虚作假，让用户可以充分感知到主播的认真、诚挚、专业和负责，创造舒适的消费氛围，从而提高用户的忠诚度。

例如，某直播间，1 盒 15 颗装的石头苹果，原价 168 元，直播间的售价为 128 元。主播公布苹果售价时，观众直言太贵，卖价赶上平安夜的价格。主播承认自己销售的农产品价格并不是全网最低，但在同类品牌当中，肯定是最便宜的，他希望用同等价格给消费者选出最好的农产品。主播还向观众解释，因为苹果的产地青壮劳动力很少，种植过程中从未使用农药，成本会比较高，而且包装采用礼盒装，一般都用来送礼。

（3）趣味性

为了达到最好的效果，带货直播的时间一般比较长，主播不能让用户觉得直播的内容枯燥乏味，直播话术要生动有趣、诙谐幽默。

富有趣味性的话术表现出主播知识渊博、思维敏捷、性格活跃，缩短与用户之间的心理距离，吸引更多的观众到直播间，让更多的用户喜欢主播的话，进而欢迎主播的人，甚至成为铁粉。主播妙语连珠，还能打破僵局，缓和尴尬，增加话题热度，带动直播间的气氛，加速与用户建立友好关系。

不过，凡事一定要掌握好度，主播采用趣味话术时要注意：内容不要伤人，拒绝低俗，禁止恶作剧，更不要流于无聊取闹，应服务于直播主题的开展，充当主播和用户关系的润滑剂。

台上一分钟，台下十年功。要想成为一名出色的主播，就要不断学习，多查阅专业书籍，多关注行业趋势，多关心时事热点，提升自己的语言功底，提高自己的职业素养，说内行话、办内行事。

活动实施

技能初探　根据直播话术设计要点及原则，改写下面的直播话术。

①大家好，我是新人主播方圆，今天第一次上直播，谢谢大家支持。

____

②每日坚果有 7 种食材，扁桃仁、核桃仁、腰果仁、榛子仁、蔓越莓、蓝莓干、葡萄干。

____

③平时售价 99 元一件，本直播间专享价 59 元一件。

____

④现在产品已经放在一号链接，限量三千件，限时五分钟，赶紧去拍吧！

____

小试牛刀　结合直播话术设计要点及原则，分析以下直播情景，探讨主播丢失用户的原因，帮助主播修改直播话术，减少后续用户的流失，并按步骤完成表 5.1.4。

某生鲜蔬果专场直播中，产品的售后服务是：

①生鲜商品不适合 7 天无理由退货。

②收到产品后请检查包装是否完好，如有损坏，请将问题产品与快递单一起拍照于 24 h 内联系客服进行赔付。

③鲜果在运输中会有一定水分流失，100 g 以内为正常，不在理赔范围内；质量差额超过 100 g 的请在 24 h 内联系客服进行赔付。

用户 A 提问 1：产品收到后，发现质量不足，可以退货吗？

主播回答 1：产品收到后出现质量不足，是运输中的水分流失，不支持退货。

用户 A 提问 2：产品收到后，发现有坏掉的，也不能退货吗？

主播回答 2：生鲜商品产品是不能退货的，有损坏直接找客服赔付。

用户 A 听完主播的回复后，就离开了直播间，没有下单。

步骤 1：两人为一组，演练直播情景，感受用户当时的心理。

步骤 2：小组讨论，主播所用直播话术存在的问题。

步骤 3：组内根据主播话术设计要点及原则，修改主播直播话术。

步骤 4：小组再次演练，最后向全班展示。

表 5.1.4　直播话术修改表

直播话术	存在问题	修改建议

知识拓展

AI 数字人直播　开启直播带货新模式

直播行业多年来保持着高速增长，但不少商家受困于高昂的成本，无法搭建专业的直播间，且真人主播不可能 24 h 在岗。科技赋能带货，随着虚拟人技术的发展，AI 数字人直播已进入直播带货领域。这种模式不仅大幅度降低了运营成本，而且与真人主播形成互补，延长直播时长，最大限度地帮助商家抓取流量，帮助直播间维持人气，吸引年轻人的眼球。对那些不太擅长做电商的山区农家、小微企业，AI 数字人直播的出现是一种福音，发展农村产业，助力小微经济。

活动 3　设计直播营销常用话术

活动背景

话术水平的高低直接影响直播间商品的销售效果。李丽及其团队成员在林老师的指导下，已经学习并初步掌握了直播话术设计要点及原则，但还没做好整场直播的话术准备。为防止主播直播时卡壳，吸引用户停留在直播间，促成交易，李丽及其团队成员继续在林老师的指导下，利用网络学习设计直播营销常用话术。

课前引入

观看一场某头部主播直播带货活动，记录主播使用的话术，尝试写出它们的种类。

____

____

知识窗

一场名利双收的直播，离不开好的话术设计。按照直播电商的基本流程，直播营销常用话术有以下类型：

1. 直播开场话术

直播开场话术用于开播欢迎或直播暖场，主播可以讲一些具有个人特色的欢迎语，也可以告知用户本场直播的福利活动或直播的主要内容。常见的直播开场话术示例见表 5.1.5。

表 5.1.5 直播开场话术

序号	直播开场话术
1	东风暖雅事，直播正当时，hello 各位家人们，欢迎大家来到“×× 零食铺”的直播间哦，我是你们的主播 ××
2	直播间的朋友们，大家好，欢迎来到“××”的直播间，请多多支持，多多捧场哦
3	欢迎宝宝们进入我的直播间，×× 非常开心，今天直播间优惠多多，一定不要错过了哟
4	嗨，大家好，我是 ××，欢迎大家来到 ×× 的直播间，今天是“618 购物节”年中大促，主播给大家带来 ×× 款超值商品，直播间的朋友可以享受超低直播价哦
5	家人们，晚上好，我们又如约而至了。×× 今天用直播带货为农产品助力，开展“乡村振兴　爱心助农”公益活动，产品有 ×× 等

2. 直播过程话术

直播过程话术直接影响直播间的交易转化率，主播可以通过引关注、促留存、促转化，与用户实时互动，让用户认可主播所介绍的商品，意识到自己的消费需求，从而产生购买行为。

(1) 引关注话术

引关注话术用于主播在直播过程中引导用户关注直播间，目的是持续地向观众传达相关宣传信息，把公域流量转化为私域流量，积累直播间粉丝。常见的引关注话术示例见表 5.1.6。

表 5.1.6 引关注话术

序号	引关注话术
1	还没关注主播的家人们，赶紧关注主播了，主播是个宝，丢了不好找
2	新进直播间的朋友们，不要忘了给主播点点关注哦，关注主播即可获得一张 5 元的优惠券
3	宝宝们记得关注主播，只有关注主播之后，才能享受今天的所有福利哦
4	欢迎大家关注我们，关注之后就会及时收到我们的新品推送和优惠信息
5	喜欢主播的点个关注，主播会每天给大家带来不同的惊喜哟

(2) 促留存话术

促留存话术用于提升直播间热度，以人留人，用人气增加羊群效应。主播不妨去增强与用户的互动，利用福利活动吸引观众，适当带动直播节奏，关注用户切身需求，及时解答用户提问，把直播间气氛活跃起来。常见的促留存话术示例见表 5.1.7。

表 5.1.7 促留存话术

序号	促留存话术
1	抢到的宝贝把“抢到”扣在公屏上，没抢到的宝贝们也不要担心，马上给大家上我们别的福利
2	主播给粉丝们唱一首《×××》，觉得好听的刷波 666
3	主播出一道谜语题，答案就在下一个产品详情页中，第一个回答正确的粉丝可获得爆款礼物

续表

序号	促留存话术
4	刚刚提问优惠券的 ××，8 点整有一波 ×× 元优惠券发放，9 点整还有个 ×× 元秒杀活动哦
5	有没有不擅长搭配的宝宝们？今天主播给大家分享几个穿搭的小技巧，请留在直播间吧

（3）促转化话术

促转化话术就是打消用户的忧虑，用互动的方法来激发用户的需求，引爆对方的欲望，让观众购买的话术。主播不再是从商品介绍上来打动消费者，而是采用分享好物、广告实惠、保证质量和售后服务的方式。常见的促转化话术示例见表 5.1.8。

表 5.1.8　促转化话术

序号	促转化话术
1	这是我自己一直在用的产品，无论是出差还是在家都天天带着，真的特别好
2	我们是厂家直播，减少中间环节，没有中间商赚差价，给的就是底价，请放心拍下
3	×× 号链接，今天只有 ×× 份，卖光就没了，宝宝们靠手速啦，赶紧抢咯
4	孕妈妈和儿童都可以放心使用，产品是经过专业验证的，朋友们放心下单吧
5	家人们请放心下单，我们的产品有运费险，支持 7 天无理由退货

3. 直播收尾话术

直播收尾话术用于下播致谢或直播预告，主播应该跟所有直播间陪伴自己的用户告别，可以表达感激，可以送去祝福，或者预告下次直播的内容，包括开播时间、主推商品、促销活动等。常见的直播收尾话术示例见表 5.1.9。

表 5.1.9　直播收尾话术

序号	直播收尾话术
1	轻轻地我走了，正如我轻轻的来，感谢各位的陪伴和支持，今天的直播也该和大家说再见了
2	主播还有 10 分钟就要下播了，非常感谢大家的厚爱，今天和大家度过了一个非常愉快的时光
3	我马上就要下播，希望大家睡个好觉、做个好梦，明天新的一天好好工作，晚上我们再聚
4	今天的直播到此结束，明天 ×× 点不见不散，主播依旧会给大家带来更多的好物、更多的优惠
5	直播结束前，跟大家提前预告明天的内容。明天我们会有 ××、×× 等产品，都是特别适合大家在冬天用的东西，大家千万不要错过，明天再见

不同的直播团队，在直播营销话术设计上肯定有不同的理解，作为一名新人主播，切不可急躁，从讲好产品开始，不断打磨、不断复盘，终会总结出一套属于自己直播间的最佳营销话术。

活动实施

技能初探　分析以下直播营销话术属于哪种类型。

①想主播唱歌刷 1，跳舞刷 2。

____

②今天的直播接近尾声，主播感谢大家的陪伴，明天晚上 ×× 点我会直播春季新品，一定要再见喔！

____

③不用想，直接拍，只有我们这里有这样的价格，往后只会越来越贵。

____

④大家好，我是一名新主播，初来乍到，技术不高，手艺不妙，请多关照！

____

⑤刚进直播间的朋友们，点点左上角按钮关注直播间，我们会不定期发放各种福利哦！

____

行业观察　剖析知名带货主播的直播营销常用话术。

按以下步骤完成表 5.1.10：
步骤 1：4 人为一组，选择 3 个近期有直播的知名带货主播，分析他们的直播营销常用话术。
步骤 2：小组思考这些话术的意义和作用，选出一位最喜欢的知名带货主播。
步骤 3：组内模仿演练该知名带货主播的直播营销常用话术。
步骤 4：选出小组代表面向全班展示。

表 5.1.10　直播营销常用话术采集表

序号	主播	直播营销常用话术	意义和作用	选择打“√”
1				
2				
3				

实战演练　请设计整场直播的营销话术。

某文具店的专场直播相关情况：为期 3 天，从 2 月 3 日至 2 月 5 日，下午 2 点开播，持续 6 h，爆款是一款固体胶，全场除“满 100 减 20”的促销优惠外，还会进行整点抽奖，奖品有卡通笔袋、新款书包等，需要引导观众转发、关注直播间。以下是产品的详情页文案，请写成 3 min 的直播话术，并以两人小组为单位，相互演练，给予评价，提出修改意见，填写表 5.1.11，最后面向全班路演。

固体胶详情页

固体胶又称胶棒，用于粘贴纸质文件，优点是携带方便、不会沾染手指，而且可以重复粘贴。这款固体胶的上市时间为 2022 年，是某文具店的爆款。它无甲醛添加，异味小，采用 PVA 管身，密封性好，有效地保护胶体本身，使管身内胶体可长时间保持湿润。最大的特征在于粘贴纸张的时候，纸并不会皱掉，固体胶含水量少会很快干掉，很适合手工、办公使用。

商品名称：固体胶

胶体颜色：白色透明

单支尺寸：26 mm×97 mm

商品规格：21 g/ 支

盒装规格：12 支 / 盒、24 支 / 盒

表壳材质：PVA 材质

外壳颜色：白绿、黄色

适用方式：旋转

是否含甲醛：否

适用场景：所有场景

适用人群：所有人群

销售价格：2 元 / 支

表 5.1.11　某文具店的专场直播话术

直播话术	
评价	
修改建议	

知识拓展

提升主播职业道德　积极履行社会责任

网络主播是一个身份、一门职业，也是一种榜样、一种效益，在传播科学文化知识、丰富精神文化生活、促进经济社会发展等方面，肩负着重要的职责、发挥着重要的作用。主播除了要加强学习，掌握从事专业工作所必需的知识和技能外，还必须提升自己的职业道德水平，爱岗敬业、诚实守信、办事公道、服务群众、奉献社会，规范从业行为，强化社会责任。

任务2
介绍直播商品引导销售

情境设计

星秀传媒工作室联合“农惠达”生鲜店铺策划开展“爱心助农直播带货”项目，林老师趁此机会带领李丽加入该项目。李丽及其团队成员将要直播销售的是水果类商品，因此他们将要结合商品介绍的逻辑及要点，运用五步销售法销售商品。

任务分解

为了成功开展一场直播活动，李丽及其团队成员需在林老师的指导下理清商品介绍的逻辑，并针对不同品类商品掌握其讲解要点，同时掌握直播间商品五步销售法，从而引导销售。

活动1 理清直播商品介绍的逻辑

活动背景

“农惠达”生鲜店铺开店一周年，打算开展一场直播，回馈店铺的新老粉丝，店铺精心挑选了一款商品——杨桃作为福利商品。为了能让直播效果更好，李丽请教了林老师，了解到想在短时间内将商品介绍清楚，从而吸引用户，达到激发用户购买欲，那么就要理清商品介绍的逻辑。于是李丽及其团队成员开始着手理清直播商品介绍的逻辑。

课前引入

观看一场农产品的直播带货活动，记录主播介绍商品的流程，尝试分析总结主播介绍商品的逻辑思路。

____

____

知识窗

1. 商品介绍思路

主播在直播中进行商品讲解时，要理清商品介绍的逻辑，首先要理顺商品介绍的思路：商品是什么，商品怎么样，商品怎么买。

（1）商品是什么

商品是什么，也即商品的基本信息。如商品的名称、商品的品牌、商品的外观等。主播在讲解时可以对商品的信息进行适当的删减，把重点的关键信息传递给用户。例如，“今天给大家带来的是某品牌乌酥杨梅，它果形大，外形美观，品质优”。

（2）商品怎么样

商品怎么样是主播讲解的核心关键要素，主要包括商品的价格及价格优势、商品的核心功效卖点、用户的评价等：

①商品价格介绍；

②商品功效介绍；

③用实验展示；

④用证据证明。

（3）商品怎么买

介绍完商品的功效，激发用户购买欲望后，要趁热打铁，向用户说明商品在哪里购买，几号链接，如何下单购买。在这个环节，主播要通过操作示范告知用户下单的具体流程，然后用话术制造氛围促进用户快速下单。

2. 商品介绍流程

理清商品介绍的思路后，可以按照以下流程介绍：导入商品—介绍商品信息—介绍优惠福利—引导关注下单—物流和售后说明，然后进行引导销售，如图 5.2.1 所示。

图 5.2.1　商品介绍流程

（1）导入商品

主播在直播间讲解商品时，可以通过场景式描述引发用户的联想，击中用户的需求，从而引出推荐商品。

> 友情提示：主播在导入商品时，也要引导用户理性思考。因为在直播间，用户由于你的引导，很容易造成冲动消费，然后收到产品后发现原来不是自己想要的，因此就申请退货，或者是闲置。这样对主播来说并不是一件好事，长久以往，用户就会觉得你直播间的商品并不是那么实用，以后就不会再进入你直播间进行观看购买。因此，主播在直播间要提醒用户理性思考后再理性消费，这样，会使得用户更加信任主播。例如，“今天我推荐给大家的这款山楂，虽然用处很多，但是脾胃虚弱者就不建议多吃”。

（2）介绍商品信息

①介绍商品基本信息。

由于用户没有接触到商品，因此，对于商品的认知只能通过主播的描述，这就要求主播要对商品比较熟悉，而且要从专业的角度多维度介绍商品。而介绍商品基本情况包括商品的外观、品牌、公司、产地、基本参数等。例如，“我推荐的这款杧果，外观金黄，个头大，核小汁多”。

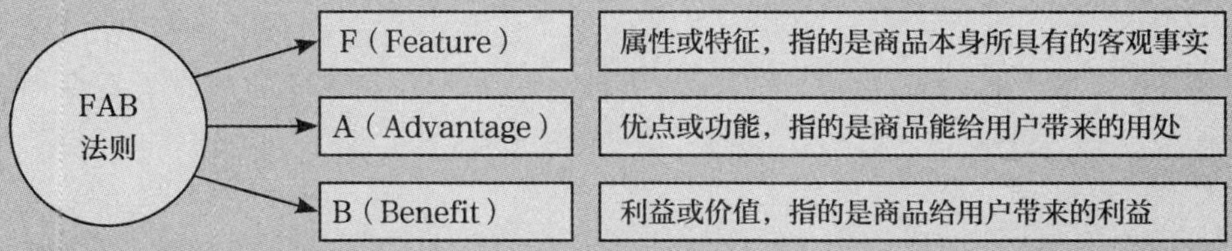

图 5.2.2　FAB 法则

②介绍商品核心卖点。

主播在介绍商品的核心卖点时，可以使用 FAB 法则（图 5.2.2）中的 A（Advantage，优点或功能）和 B（Benefit，利益或价值）来介绍，当功能很多时，可以挑选其中 3~5 个最核心的功效进行讲解。例如，“这款面膜含有烟酰胺、积雪草等成分，能够祛痘、修复肌肤、舒缓肌肤、补水等，一般是不含任何过敏成分，任何肌肤都可以使用，对敏感肌肤很友好”。

而且直播时只是口头讲产品功效，会让用户感到主播是在吹嘘商品，因此，要巧用实验的方法展示商品的功效或者是使用前后的效果对比。若是有些产品不方便在直播间展示，可以通过播放相应的使用视频进行展示。

例如，以前的弹力裤，稍微长胖一点，就不能穿，不仅很显肉而且很容易就撑破了。那么，今天我给大家展示一下，现在的弹力裤是怎么样的。

除了展示以外，同时可以用专利证书、销量评价、权威背书，以及自己或用户的例子证明商品的功效，从而使得商品优势更加有理有据。

例如，“今天直播间介绍的这款商品，我们已经卖出了 4 500 件，而且我们很多粉丝买了后又重新过来买的，大家可以看一下我们的商品评价。”

（3）介绍优惠福利

介绍优惠福利可以拆解成以下三个步骤进行：

①讲明福利内容：指的是主播给大家带来了什么样的活动。做好价格对比，突出直播间更优惠。例如，“今天这款商品市场价为 119 元，直播间特价，只需要 11.9 元，真的很划算，没有比这更实惠的了，限时限量，先到先得”。

②提出福利条件：福利内容是为了营造出福利的稀缺感，因此进行互动，完成某个条件的人能抢到这个福利。例如，“来宝宝们，我今天给你们带来的这个福利，喜不喜欢？想不想要呀？能不能扣个想要告诉我一下啊？”

③说明做福利的原因：为了不让用户觉得你东西这么便宜，从而存在怕上当等等的疑虑，所以在福利内容后面，一定要强调我们为什么做福利。如：“是为了完成什么涨粉目标，还是说我们今天正好店庆 1 周年，我们的货源优势之类的，从而说明这个福利活动设置的目的”。

（4）引导关注下单

介绍完商品的功效，激发用户购买欲望后，在用户情绪高涨时，要趁热打铁，放出商品链接，及时向用户说明商品在哪里购买，几号链接，如何下单购买。在这个环节，主播要通过操作示范告知用户下单的具体流程，然后用话术制造氛围促进用户快速下单，这样有利于增加直播间商品的销量。

例如，“直播间粉丝们，心动不如行动，想要购买这款产品的，请拍 1 号链接，今天直播间有 10 000 人，我们只给下单前 100 名的用户送价值 1 000 元的礼品，关注的宝宝们还可以额外领取优惠券进行抵扣，来，我们倒计时，5，4，3，2，1，不好意思，已经抢完了”。

（5）物流和售后说明

在直播间销售商品的过程中，主播说明商品的物流和售后服务是非常有必要的，特别是 3C 类商品和生鲜类商品。例如，某主播推荐一款新推出的手机，讲解完手机的性能、价格福利后，也向用户说明售后服务。

例如，“除了以上福利之外，这款手机的售后服务也十分有保障。凡是在我直播间下单的朋友，都可以享受一年内保修、耳机和充电器等配件 3 个月内包换、电池半年内包换的服务"，从而打消了用户的顾虑，促使用户下单。

友情提示：除了在直播中要说明商品的售后服务外，还要真正做好售后服务工作，与用户保持长期的沟通与联系，及时解决用户反馈的售后问题，根据其反馈的问题不断的优化和完善商品的售后服务，以此获得用户长久的信任与支持。

活动实施

行业观察　分析知名带货主播的商品介绍逻辑。

以小组为单位，利用互联网手段，选择 3 个近期有直播的知名带货主播，讨论并分析他们直播时商品介绍的逻辑，并完成表 5.2.1。

表 5.2.1　直播商品介绍逻辑采集表

序号	主播	直播平台	商品导入	商品信息	介绍优惠福利	引导关注下单	物流和售后说明
1							
2							
3							

技能初探　设计商品介绍话术。

杨桃商品信息

根据所给商品信息，按照商品介绍流程设计话术，完成表格后，4 人为一组，组员在小组内轮流进行口播，完成组内点评，并提出修改建议。

步骤 1：了解杨桃的特点，然后为其设计一个直播场景导入，填入表 5.2.2 中，并在小组内讨论并选出最优的导入场景。

表 5.2.2　商品场景导入表

序号	商品信息
1	例如，直播间的朋友们，盛夏时节，有没有感觉整个人热得都不想动，连吃东西的欲望都没有的呢。今天给大家推荐的这款商品，吃了后会顿觉气舒神爽，消暑解腻。
2	
3	
4	
5	

步骤 2：按照商品的基本信息，梳理商品的名称、商品的品牌、商品的外观等，填入表 5.2.3 中，

并在小组内讨论并选出最优的商品信息。

表 5.2.3　梳理商品基本信息

序号	商品信息
1	例如，今天推荐的这款杨梅，它果形大，外形美观，品质优。
2	
3	
4	
5	

步骤 3：介绍商品核心卖点，如商品的核心功效卖点、用户的评价，完成后，填写到表 5.2.4。

表 5.2.4　介绍商品核心卖点

序号	介绍的内容	介绍话术
1	功效介绍	
2	用实验展示	
3	用证据证明	
4	……	
5	……	

步骤 4：介绍商品的优惠价格和福利活动，完成后，填写到表 5.2.5。

表 5.2.5　介绍商品优惠价格和福利活动

序号	商品优惠价格和福利活动
1	例如，今天这款商品市场价为 29 元一斤，直播间特价，只需要 9.9 元，拍两斤发三斤，真的很划算，没有比这更实惠的了，限时限量，先到先得。
2	
3	
4	
5	

步骤 5：引导关注下单，完成后，填写到表 5.2.6。

表 5.2.6　引导关注下单

序号	引导关注下单
1	例如，直播间粉丝们，心动不如行动，赶紧关注主播领取优惠券，而且今天我们只给下单前 100 名的用户送价值 1 000 元的礼品，来，我们倒计时，5，4，3，2，1，不好意思，已经抢完了。
2	
3	
4	
5	

步骤 6：说明物流和售后服务，完成后，填写到表 5.2.7。

表 5.2.7　物流和售后服务说明

序号	物流和售后服务说明
1	例如，我们的商品都会在下单之后 48 h 内发货，顺丰包邮，坏果包赔，我们是不支持七天无理由退货的，如有什么质量问题可以联系我们的后台客服哦！
2	
3	
4	
5	

步骤 7：完成后，4 人为一组，组员在小组内轮流进行口播，完成后组内点评，并提出修改建议，然后小组间分享成果。

知识拓展

介绍商品时注意事项

我们在商品介绍时，要注意挖掘产品与众不同的地方，实现商品的差异化。直播中要根据自身商品的定位，强化商品的特点，在功能设计上要有所突出和侧重，避免同质化。然后在介绍过程中，要为自己塑造真诚、守信的形象，从而让用户成为你的长久粉丝，并且为你进行口碑宣传。

活动 2　分析不同品类商品讲解要点

活动背景

不同品类的商品有不同的特点，主播需要有针对性地进行讲解。了解不同品类商品的讲解要点，才能够在直播时做好商品的全面介绍，展示商品的完整形象。接下来李丽及其团队成员将分析整理不同品类商品的讲解要点。

课前引入

如果要介绍一款口红，需要从哪些要点去介绍该商品呢？

____

____

□ 知识窗

1. 服装类商品讲解要点

在介绍服装类商品时，用户比较关注上身效果、是什么面料做的，是否舒适等，因此，主播讲解时可以采用以下几种方法：

· 展示试穿效果：主播可以亲自试穿服装或者安排一名试穿模特进行试穿，从而让用户看到服装上身的效果，并且要前后左右都向用户展示清楚。在展示时，要注意走位，用远景展示服装整体效果，用近景则可以展示服装的设计细节和亮点等。但有一点要特别注意，主播在介绍时要说明试穿模特的身材和尺码，方便用户进行参考和对比。

· 介绍服装风格：服装风格指一个民族、一个流派或一个人的服装在形式和内容方面所显示出来的价值取向、内在品格和艺术特色。服装的风格有很多种，如通勤风、学院风、森女系等。主播在讲解商品时，要向用户说明该服装属于哪种风格。

· 介绍服装尺码：主播在讲解时要介绍服装的尺码，上衣需要介绍腰围、胸围、袖长及所适合的人群。裤子则需要介绍腰围、臀围及裤长。

· 介绍服装版型：主播在讲解时要介绍服装的版型，因为同样尺码，不同版型衣服上身效果是不同的。如宽松型服装包容性强，显得人比较瘦；修身型服装显得人比较精神。而在介绍女装时，除了介绍版型后，还可以加以专业的介绍，比如服装的廓形。现代服装界最典型的服装廓形有 5 种：A 形、H 形、X 形、T 形、O 形，不同廓形的特征及效果见表 5.2.8。

表 5.2.8　女装廓形特征表

廓形	特征	效果
A 形	以紧身型为基础，用各种方法放宽下摆，形成上小下大的外轮廓型	产生华丽、飘逸的视觉感受
H 形	是用直线构成矩形轮廓，遮盖了胸、腰、臀等部位的曲线	呈现轻松飘逸的动态美，舒适、随意的效果
X 形	通过肩（含胸）部和衣裙下摆做横向的夸张，腰部收紧，使整体外型呈上下部分宽松夸大、中间小的造型	与女性身材的优美曲线相吻合，可充分展示和强调女性魅力，显得富丽而活泼
O 形	上下收紧、整个服装外形类似于圆形或者椭圆形	服装外轮廓线相对柔和，圆润可爱
T 形	肩部夸张，下摆内收形成上宽下窄的 T 形效果	给人轻快、洒脱的效果

·介绍服装颜色：主播在讲解服装时，要说清楚不同服装的颜色给人带来什么样的感觉。讲解话术见表 5.2.9。

表 5.2.9　女装服装颜色讲解话术

颜色	讲解话术
白色	显得纯净透亮，穿起来简约大气又典雅，百搭的一种颜色
黑色	沉稳，有一种神秘感和高冷女神范，百搭不出错
红色	这个红色一点也不艳俗，很显气色，容易吸引眼球
黄色	这种颜色显得青春活力，具有减龄的效果
星空蓝	显白，穿上散发出很强的女人味比较亮眼，搭配什么都有味，色彩很饱满，衬肤色，不俗气，充满活力
粉色	充满朝气的颜色，少女感十足，公主范
绿色	显白，有春天的感觉，清新脱俗

·介绍服装面料：主播在讲解时，要说清楚服装的面料类型。服装的面料有毛料，纯棉、涤纶、羊羔绒等类型。介绍完类型后，再介绍该面料的优点，例如，“毛料采用动物的皮毛，经过加工处理，柔软、富有弹性、手感舒适，冬天穿着保暖性强，夏天穿透气性好，轻盈，光泽度比较好”“纯棉面料透气、吸汗性强、耐热性能良好”“皮质面料防风，而且显得高档”。主播在介绍面料时，要用近景镜头向用户展示面料的纹理以及柔软度等特点。

·突出设计亮点：主播在讲解时，要突出服装的设计亮点，比如说工艺、图案等，从而突出其独特性。例如，“V 领设计，露出性感的锁骨，展现优美的女性气质，撞色拼接是衣服最大的亮点，让原本单调的衬衫上衣有了亮点”“拼接荷叶边裙摆，自然挺翘的褶皱感，走动间轻轻起伏，美妙迷人”。

·介绍服装使用场景：展示服装的使用场景是服装类商品讲解中非常重要的一个环节，“一衣多用”是体现服装高性价比的关键点。主播在介绍服装搭配时，最好能将该衣服与其他衣服搭配一起展示在镜头面前，甚至包括搭配的鞋子、眼镜等其他配饰。如果条件允许，主播可以针对该衣服，搭配不同风格的套装，以满足用户上班、约会、休闲等不同场景的需求，从而满足用户“一衣多用”的需求。

·突出服装价格优势：对于价格较低的服装类商品，主播可以突出低价所带来的高性价比。主播在报价时先报服装的原价，接着报直播间的优惠价，从而刺激用户购买欲。对于价格较高的服装类商品，则需要强调服装给用户带来的独特之处，例如，知名设计师设计、使用上等材质等。

2. 美妆类商品讲解要点

在直播间讲解美妆类商品时，主播要重点介绍商品的质地、价格、用途、使用方法、试用效果等。在展示效果、颜色等环节时，主播可以先在手臂上试一下，从而直观地向用户展示商品的试用效果。常见美妆类商品的介绍要点见表 5.2.10 。

表 5.2.10　常见美妆类商品介绍要点

商品类型	介绍要点
面膜类	面膜形态、功能、材质、使用方法（包括使用最佳时间以及时长等）、作用等
修容类	质地、颜色、是否适合晕染以及修容方法的演示，修容与不修容的半边脸对比效果
遮瑕类	滋润度、遮瑕度、适合肤质等，展示时可以在手上用眼线笔画线再用遮瑕类产品遮住让用户看效果
眼妆类	防水性、持久性、颜色、作用、成分、功效、使用方法、传授画眼妆的技巧、适合的场合、搭配的衣服等
底妆类	色号、种类、适合的肤质、持久度等，针对色号，主播可以介绍自己平常使用的别的粉底液的色号与此产品使用的色号进行说明，帮助用户有更明确的参考
唇妆类	滋润度、显色度、持久度、是否容易沾杯，适合搭配的眼妆与腮红等
化妆工具类	用途、材质、使用感等，并展示使用方法
卸妆类	质地（水、乳、油、膏、纸巾等）、卸妆效果（可以将彩妆画在手上，现场卸妆展示效果）、适合场所（例如，卸妆湿纸巾适合在外旅行、乘坐飞机等场合使用等）
洁面类	成分、适合肤质、清洁强度、使用后的感受、使用方法、产品的成分、起泡情况等
护肤类	功效（抗皱、补水、美白等）、成分、使用感受、使用方法、适合肤质等
美容工具类	功效、效果、用法、商品质量认证等

3. 食品类商品讲解要点

食品类商品讲解时，需要介绍食物的产地、规格、制作材料、营养价值、口感、价格等，同时还要围绕商品的加工制作方法、存放方法、食用方法等进行讲解。很多时候，主播还要进行试吃。然后在吃的过程中，通过主播的描述了解食物的色、香、味，从而体现商品的口感、营养价值等。主播在讲解食品类商品时，可以围绕表 5.2.11 中几点展开。

表 5.2.11　常见食品类商品讲解要点

维度	讲解要点
商品属性	产地、制作材料、规格、包装、储存方法。可以从烹饪手法、口感风味、原材料选取等突出与同类商品的差异，从而获取用户好感
食用效果	视觉、嗅觉、味觉。在讲解时，要用近景展示食物的细节，围绕食物的色、香、味、形进行描述，调动用户的感官。很多时候，主播还要进行试吃
功效价值	营养价值、安全性。主播在讲解时，应当围绕商品的原材料选取、制作、包装等一系列流程来介绍食品的安全性，同时加以符合国家食品安全标准进行背书，从而获得用户的信任。例如，嚼着吃的蜂蜜，无法造假，来自深山，大自然的馈赠
价格优势	价格对比、性价比高。主播在直播间需要突出商品的价格优势，例如，“这款虎皮凤爪线下 19.9 元一包，今天在我的直播间一包仅售 12.9 元，而且关注主播，还可以领取 10 元优惠券，满 10 元以上可以用，买两包即可用，到手价为两包 15.8，真的超实惠，大家赶紧抢吧”

4.3C 类商品讲解要点

所谓“3C 商品”，是计算机类、通信类和消费类电子产品三者的统称，也称“信息家电”。主播讲解时以开箱为主，以检测、剖析、展示商品的生产工艺、性能、功能、技术指标等方面入手。3C 类商品讲解一般使用表 5.2.12 中介绍的讲解要点。

表 5.2.12　3C 类商品讲解要点

维度	介绍要点
商品属性	生产工艺、技术指标、外观设计（颜色、屏幕、耳机、配件等）、续航时间、系统体验、硬件支持（测评）等
商品功能	添加的新功能，如“多人实时共享”
使用体验	满足用户在不同场景下的使用需求

下面以手机为例：

· 介绍商品的颜色以及版本，可以结合发布会等分享主播的感受。

· 开箱检测，展示没有开封的状态和所搭配的配件。

· 根据包装、产品说明书等展开讲解商品的功能，从而让用户了解商品的功能，特别是有些要注意的使用事项一定要重点强调。

· 介绍商品的外观设计，如屏幕大小、分辨率、厚度、像素等，对比市场上的其他同类型产品，从而让用户有一个直观的认识。

· 分析商品的特殊功能，展现商品的亮点。

· 介绍商品所需要的硬件支持，如系统、内存大小等。

· 介绍商品的续航、充电情况，如介绍手机时就要说明手机是支持闪充还是快充等。

· 介绍商品的系统体验感受，如是否顺畅、系统新增功能使用等。

根据以上使用情况，对性价比等进行客观分析。

5. 饰品类商品讲解要点

饰品类商品的市场需求非常大，因为，不仅女性会购买饰品商品，男性也会购买来赠送给女性，而且随着时代发展，佩戴饰品的男性也越来越多，由此可以看出直播市场潜力非常大。因此，饰品类商品也成了主播们选择的一个热门类别，那么饰品类商品讲解要点见表 5.2.13。

表 5.2.13　常见饰品类商品介绍要点

商品维度	说明
材质	如水晶、黄金、铂金、翡翠、和田玉等
大小	饰品的尺寸，如长度、高度等，最好是有一个常见产品作对比
设计亮点	突出商品设计的独特之处，设计理念等，讲解时要近景展示细节
工艺	介绍商品的做工、制作工艺等
搭配技巧	与其他服装、配饰等搭配的技巧，以及应用的场景等
保养方法	使用时的注意事项以及用完后的保养方法等
售后说明	退换货等售后服务说明

活动实施

行业观察　分析知名主播直播商品讲解要点。

步骤 1：以小组为单位，4 人为一组，观看知名主播的带货直播视频。

步骤 2：分析总结其讲解商品的要点，完成表 5.2.14。

表 5.2.14　直播商品讲解要点分析表

主播名称	品类	直播商品	直播讲解要点

技能初探　根据商品讲解要点设计话术。

请根据商品信息表（表 5.2.15），分析商品的讲解要点，设计直播话术，完成表 5.2.16。4 人为一组，组员在小组内轮流进行口播，完成组内点评，并提出修改建议。

表 5.2.15　大蒜信息表

商品特点	蒜头干爽，蒜衣膜较白，形状扁圆形，整齐，横径≥ 4.5 cm，单头重≥ 40 g，每头 15 瓣至于 18 瓣，肉质脆、形状整齐、耐储运、蒜香味浓，辛辣程度适中，营养价值高
营养价值	大蒜含有丰富的蛋白质、低聚糖和多糖类、另外还有脂肪、矿物质等。100 g 新鲜大蒜含蛋白质为 4.4 g、脂肪为 0.2 g、碳水化合物为 23 g、粗纤维为 0.7 g、灰分为 1.3 g。大蒜中还含有丰富的含硫化合物，其中大蒜素具有杀菌、抑菌、抗癌、抗衰老等医疗保健功能。由于大蒜素具有杀菌力强，抗菌谱广的特性，因此大蒜素也被称为“植物性天然广谱抗生素”
药理作用	1. 具有广谱抗菌灭菌和消炎作用，有很强的抗病毒能力，其中活性成分大蒜素在医药上已用于临床； 2. 提高免疫功能，抗肿瘤。大蒜中的含硫有机物等功能成分不仅能抑制致癌物质亚硝胺类在体内的合成，而且对肿癌细胞有直接杀伤作用； 3. 保护心血管系统：抗高血脂和动脉硬化、抗血小板聚集、增强纤维蛋白溶能活性和扩张血管产生降压作用； 4. 活化细胞，促进能量产生，加快新陈代谢，扩张血管，改善血液循环，缓解疲劳等作用； 5. 保护肝脏调节血糖水平，降低血液黏度、预防血栓。大蒜不仅具有独特的药理活性，而且无过敏反应、无副作用、无毒性，已经成为重要的保健食品之一，在生物医药领域具有很大的开发潜力
商品价格	平时促销 16.9 元一箱，一箱 5 斤，直播间专享优惠 8.9 元 5 斤，共 3 000 份

表 5.2.16　直播商品讲解要点表

维度	讲解要点	直播话术
商品属性		
食用效果		
功效价值		
价格优势		

知识拓展

别让食品安全防线从直播间“破防”

对于食品来说，视频直播的现场性、互动性可以让消费者更为直观地“感受”到美食的诱惑，从而带动相关产品的销售。某直播平台主播被指直播带货的燕窝产品涉嫌造假一事，备受关注。事件的起因是“职业打假人”注意到消费者反映了其直播间产品“× × 燕窝”涉嫌造假，便把产品送去检测，发现燕窝存在质量问题，且蛋白质的成分为 0%，最后其直播遭受封禁。希望同学们能引以为戒，诚信经营，遵纪守法，别让食品安全防线从直播间“破防”。

活动 3　掌握直播间商品五步销售法

活动背景

星秀传媒工作室最近在给“农惠达”生鲜店铺做直播推广。李丽及其团队成员也跟着老师一起来跟进这个项目。前面了解了商品介绍的逻辑和讲解的要点，李丽及其团队成员接下来将学习如何利用五步销售法将商品销售出去。

课前引入

如果要介绍一款口红，你会在直播间如何进行推荐销售？

知识窗

直播间商品五步销售法

什么是“五步销售法”呢？也就是我们在直播间销售商品时可以按照以下 5 个步骤展开（见图 5.2.3），不管你是哪种风格，都可以按照这种方法，层层深入地展开，拉近粉丝距离，提升停留时长、点击率、转粉率以及成交转化率。

图 5.2.3　五步销售法

- 提出问题：主播要围绕商品的特点，结合消费场景提出用户痛点以及需求点，给用户提供一个购买的理由。

提出问题，要从现实中来，从一句简单的抱怨开始。不要深入讲，也不要立即引入产品，重点是引起话题和共鸣，值得注意的是，提出问题的前提是要明确商品的目标人群，确定商品针对的是哪类需求人群，从而在讲解时才能够精准地引起用户的注意，使用户对本场直播产生兴趣，并停留在直播间。例如，在介绍睡袋时，可以说“宝妈们有没有这种烦恼，自从宝宝出世后，每晚都睡不好，老是担心宝宝踢被子，半夜要醒很多次的呢”。

·放大问题：放大问题要全面且最大化，把大家忽略掉的问题隐患尽可能地放大出来，甚至放大到生理、心理以及情感上，但是切记不要造成“恐吓营销”，不要夸大其词，点到为止。关键点是要引导用户，这些痛点如果不解决，持续下去，只会越演越烈，带来更大的隐患。例如，“宝宝晚上睡眠不好，不仅家长累，而且还会影响婴儿的生长发育，所以一个好的睡袋就非常重要啦”。

·引入商品：接下来就以解决问题为出发点，引入产品，分享本场直播或本场直播中推荐的商品，解决掉之前提出的问题。但是暂时还不要详细讲解产品，先讲这些产品能解决之前提到的一些问题，先把问题解决掉，把好的结果愿景展现给大家。从而让用户内心感觉“有需要、用得上、值得买”。

·提升高度：这一步骤详细地讲解产品，并通过行业、品牌、原料、售后等，围绕商品的卖点、使用感受等，进行专业知识的普及，让粉丝对这款产品产生一个仰视的心理态度。在这个步骤中，主播需要注意以下三点：

a. 在进行商品演示时，一定要面对用户，使用户看到主播演示的全过程。切忌自己的身体挡住用户的视线或背对用户进行演示。在演示时，更多的是要描述商品的使用场景，把使用体验说出来。如介绍烤箱的时候，我们不要一味地说烤箱的太多专业化的功能，而是要把这些功能通过场景描述体现出来，让用户能想象到买了这个商品后生活增加了很多美好。如“这款烤箱可以烤虾、烤鸡、烤披萨等，让你秒变大厨刷爆朋友圈；一次可以烤 1 整只鸡，30 条虾、10 寸披萨等，让你能轻松应付朋友小聚”。

b. 在讲解商品时，不可避免的会遇到有用户摇摆不定，会跟我们的竞品进行比较，因此，主播在讲解时要用竞品的弱点凸显自身商品的优势，同时描述出使用商品的美好体验，从而促使用户下定决心购买。例如，主播在讲解某款牛排时，普通的话术是这样的：“原切牛排，无合成，孕妇小孩放心吃，口感嫩滑，不干不柴，肉香四溢，便捷速食，产自澳大利亚进口。”但是这种话术，换做任何一款牛排都可以讲，打动不了用户的心，因此，我们可以换成以下的营销话术：“想同时享受美味和健康，你会选择哪种牛排？和牛？不！这种牛排脂肪含量太高了，让你吃了后还有一种负罪感，今天又得多跑几圈了（点出竞品的弱点）。实际上，牛排分谷饲和草饲，我建议大家买草饲牛排，草饲牛排一般使用的是在自然牧场上成长的牛的肉，这种牛的肉更加精瘦，脂肪含量也比较低，既能享受美味同时也不怕增加体重（借势阐述自身商品的优势）。今天推荐的这一款家庭装草饲牛排，来自澳大利亚大草原的原切肉眼牛排，让你在家里也能享受到高级西餐厅的那种浪漫（美好体验）。”

c. 为了能打消用户的疑虑，还要用一些权威背书或者是数据证明。比如说名人同款、专家推荐等，增加商品在用户心中的好感度，然后再加上销量、评分等数据支撑，说明商品真的是好，不是主播乱吹的。

·降低门槛：这个时候可以兴奋地讲解优惠、渠道的优势、独家稀有紧缺等，降低用户最后的购买心理防线，感觉物超所值，最终促成交易。

下面以某主播话术为例进行分析，见表 5.2.17。

表 5.2.17　某主播话术分析表

五步销售法	话术
提出问题	有没有那种脸一遇热水就泛红，一用大牌养肤性特别强的精华面霜，皮肤就红肿的女性？有没有爱长痘痘的女生
放大问题	长了痘痘，哪怕痘痘消了，也会留下痘印，有损形象，出门都感觉不自信了，简直太烦恼了
引入产品	不用担心，今天我给你们推荐一款自用的修红精华液，只要你的肌肤“闹情绪”，这一瓶就可以稳住你“闹情绪”的肌肤
提升高度	它贵，但是它真的好用，为什么？ ×× 是某集团下面专门做芳疗的护肤品牌。她们家的这款精华就是帮你镇定、修复和维稳，让你的皮肤不过敏，让你肌肤的“小情绪”都舒缓下来。我就一句话，相信我！有经济条件的，买它！你把你的肌肤状况调整好之后，再去用大牌化妆品，大牌化妆品才会被吸收。调整不好，你用再多的大牌化妆品皮肤都不吸收的
降低门槛	今天给大家做的是限量包装组合，精华大瓶 50 mL，还附赠她们家亮灯化妆镜，还会送 4 mL 她们家最有名的橙花精露，还有 5 mL 的舒缓面霜，然后直播间再加赠 5 mL 的舒缓精华，再加两个 50 mL 的洗面奶。这么多到手，只要 680 元，我只有 1 600 套。3、2、1，上链接，来咯

这场直播活动中，单价 680 元的 ×× 精华在 3 分钟卖出了 1 600 套，达到了 108.8 万元的销售额。由此可见，主播运用五步销售法能够很好地进行商品销售，并且也比较容易达到预期效果。

活动实施

小试牛刀　分析以下商品的用户痛点或需求，完成表 5.2.18。

表 5.2.18　商品痛点或需求分析表

商品	用户痛点或需求
杨桃	
番茄	
猕猴桃	
苹果	
水蜜桃	

实战演练　为“农惠达”生鲜店铺的大蒜设计直播话术。

请根据大蒜的商品信息表（见活动 2 表 5.2.15），按照五步销售法设计直播话术。

步骤 1：4 人为一组，按照商品的基本信息，分析商品的特点。

步骤 2：根据以上分析，按照五步销售法，完成大蒜直播话术，填入表 5.2.19 中。

表 5.2.19 大蒜直播话术

五步销售法	话术
提出问题	
放大问题	
引入商品	
提升高度	
降低门槛	

步骤 3：完成后，由小组成员口播展示成果。

知识拓展

提高道德素养，拒绝夸大

近年来，一些商家为了推销产品，不顾科学常识、医学常理，用匪夷所思的恶俗字眼，大搞恐吓营销，屡受诟病。如某眼科医院在其官微发布的广告中，因内含“近视有罪，摘镜有理”等违规内容，对近视患者带有偏见，给人造成心理不适，被当地市场监管部门罚款 2.65 万元。该事件告诉我们，作为一名主播，不能为了获取利益，夸大其词，将恐吓营销伎俩发挥到极致，从而违背商业伦理，触犯法律。应该提高道德素养，传播正能量的内容。

提高道德素养，拒绝夸大

任务3

探索直播间互动玩法

情境设计

李丽在星秀传媒工作室学习过程中发现，在直播销售中，直播间没人和直播间冷场，是很多主播都非常头疼的问题。林老师告诉她，其实直播间的互动是有套路和技巧的。首先要在直播前多渠道的吸粉引流，让直播间一开始直播就积攒了足够的人气，然后直播时再加以一定的互动等，提升直播间的氛围，最终把人留在直播间，从而促进转化。接下来让我们跟着李丽及其团队成员一起来探索直播间的互动玩法。

任务分解

为了成功开展一场直播活动，李丽及其团队成员在企业导师和林老师的指导下探索直播间的互动玩法，首先要学会进行多渠道的吸粉引流，让直播间一开始直播就积攒了足够的人气，然后直播时再营造与观众良好的互动氛围，最终把人留在直播间，从而促进转化。

活动 1 多渠道吸粉引流

活动背景

林老师告诉李丽，由于受新冠疫情影响，交通物流受阻，很多农产品面临销售受阻的问题。“农为邦本，本固邦宁。”全面建设社会主义现代化国家，大头重头在“三农”，基础和潜力也在“三农”。稳住农业基本盘、守好“三农”基础是应变局、开新局的“压舱石”。因此，星秀传媒工作室准备在平台大促期间进行一场扶贫助农直播，帮助农户销售滞销的水蜜桃。为了能让直播效果更好，工作室想让李丽及其团队成员一起帮忙利用多种渠道进行吸粉引流。于是李丽及其团队成员开始着手研究如何进行多渠道吸粉引流。

课前引入

直播间主要是通过哪些方式进行吸粉引流呢？

____

____

知识窗

目前，直播间最主要的吸粉引流方式为站内引流和站外引流。

站内引流主要是通过在站内参加活动、投入推广费用等来进行引流吸粉。比如抖音平台上可以发布一些优质内容，加上投 dou+ 或 Feed 流，可以帮助直播间引流。

站外引流是指通过微博、微信公众号等私域流量进行推广引流。很多头部主播每次直播前，都会在微博上通过文字、海报、链接等告知微博粉丝直播时间、优惠活动等。有些主播还利用自媒体矩阵，除了微博，还利用公众号、知乎、小红书等渠道，为直播流量加持，将多渠道的粉丝集中引流到直播间，为直播间增加人气。今天主要学习的是如何利用微博等站外引流渠道为直播间引流吸粉。

1. 开展微博推广

主播在进行微博推广时常见的形式主要有以下几种：文字 + 图片、文字 + 短视频、文字 + 直播回放。其中，文字 + 图片是目前微博内容最常见的形式，如图 5.3.1 所示。通过精炼的文字加上吸引眼球的长图、动态图片或者九宫格图片，丰富内容，提升视觉效果。

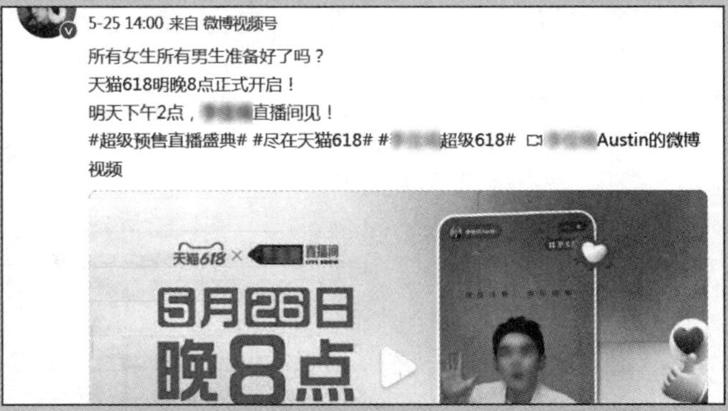

图 5.3.1 微博推广图文结合

反情提示：主播在进行推广时，要高度重视原创知识产权，注意内容的原创性，未经作者同意不得随意转载。要学会创新，可以以直播间作为素材，挖掘原创内容，自己制造话题，从而扩大热度。

而开展微博推广时，微博的文案设计可以从以下几个方面入手进行设计：知识分享、信息收集、优惠信息透露、热点借势等。

（1）知识分享

通过分享与直播间商品相关的生活小技巧或透露一些鲜有人知的新知识等内容，使用户对主播产生一定的信任感，如某主播经常在微博中分享一些化妆小技巧，如图 5.3.2 所示。

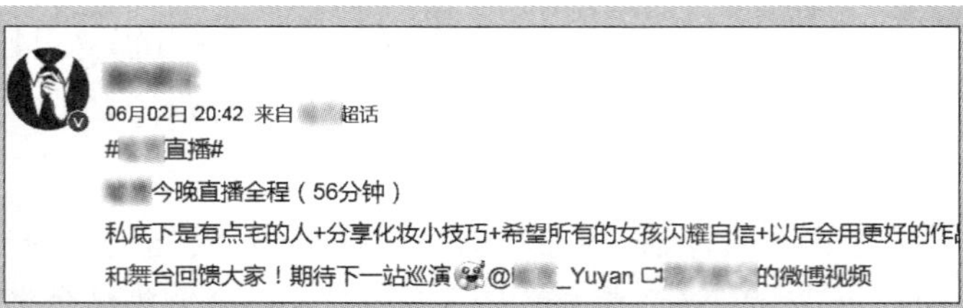

图 5.3.2　某主播微博知识分享

（2）信息收集

利用微博收集相关信息，不仅能够制造与用户互动的话题，而且能了解用户的需求，从而更好地提供服务以及产品给用户，增加用户的黏性。如某主播就经常在微博中征集用户的意见，如图 5.3.3 所示。

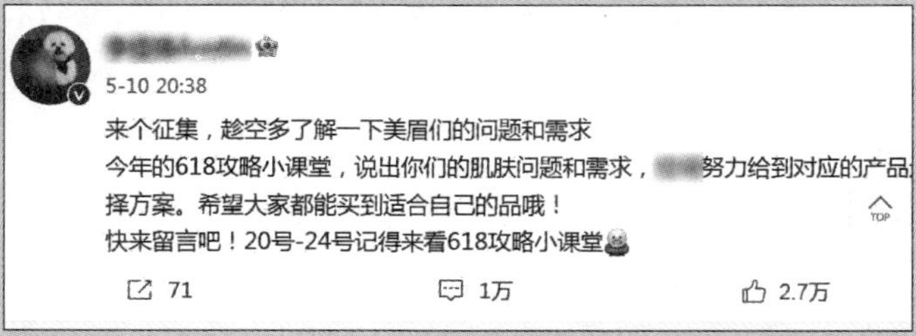

图 5.3.3　某主播微博征集意见

（3）设置粉丝专享福利

适当的在微博里面发放一些粉丝专享福利，而且不定时地进行粉丝抽奖，增加微博的人气，会让用户觉得有一种优越感，愿意一直关注你的微博，从而不会错过你的任何一场直播信息。如某主播在发布一些直播预告的时候，还会进行抽奖等，如图 5.3.4 所示。

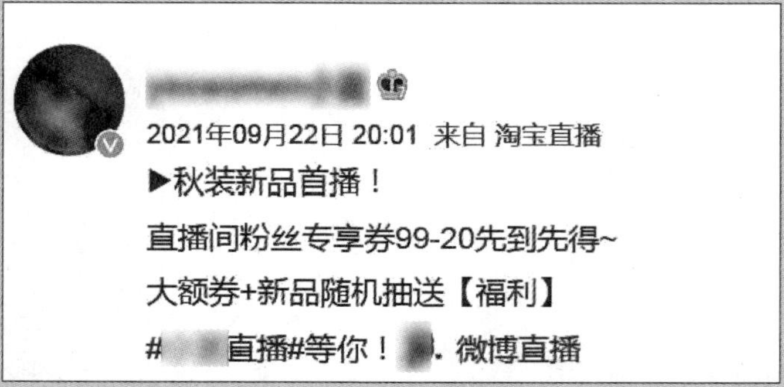

图 5.3.4　粉丝专享福利

（4）借助热点

微博是一个传播力比较强的平台，网络上很多的热点都是在微博上曝光。因此，主播要恰当地使用热点，将直播间或产品联系起来，引起粉丝的兴趣，从而达到引流吸粉的效果，如图 5.3.5 所示。

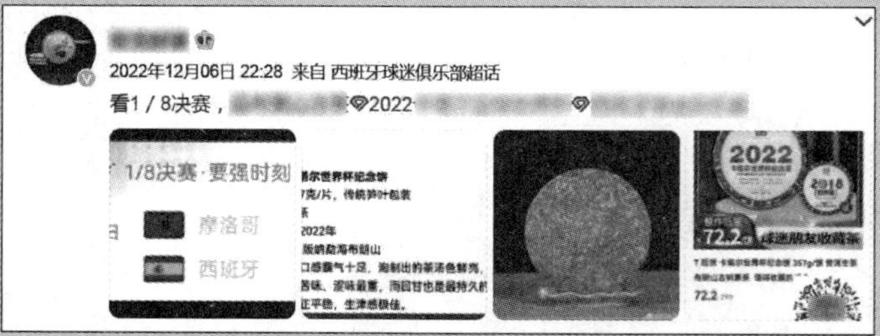

图 5.3.5　借助热点

2. 开展微信公众号推广

微信公众号的用户定位比较明确，因此，这些用户具有较高的忠诚度和活跃度，只要在微信公众号上为用户提供有价值的信息，感兴趣的信息，那么，用户就可以成为你的忠实读者，最后成为你的忠实用户。

为了引流吸粉，公众号的内容可以为直播间商品推荐，但是一定是要围绕商品卖点，让用户知道，这个商品能解决我什么问题，从而有想要购买这个商品的欲望，从而萌发进入直播间观看并购买的念头。例如，《彩妆课之“早八”人“速速出门妆”》《60 套小个子秋冬最美搭配，太显高高高啦》。

> 友情提示：在进行公众号推广时，标题的编写非常重要，内容要高度概括，而且要用一些有特色和亮点的词吸引大家阅读，但是同时要切记不要做标题党。特别是不能出现一些违反广告法的极限词。

3. 开展短视频平台推广

抖音等短视频平台会对原创、质量优秀、有创意的短视频有一定的流量扶持，因此直播间可以通过录制一些高质量的短视频上传到抖音等平台，将会有更多的用户观看，使得直播间有更多的曝光机会，从而达到引流吸粉的目的。

短视频内容方面可以是商品的展示，但是一定是要有话题性的，或者是商品独特的卖点，或者是分享商品使用感受，从而引起用户的共鸣，例如，"【平价卸妆油推荐】卸妆油就要卸妆快还养肤的"巧妙地打消了用户担心卸妆油伤皮肤的疑虑，而且还经济实惠，为直播间的产品推荐做了较好的铺垫。具体大家可以参考以下几种内容方式。

（1）干货类和技能分享类

这一类型的短视频必须通俗易懂，而且实用性强，观看体验感强，从而能让用户看到最后，并且关注转发和分享。

（2）预告抽奖福利类

这一类型的短视频时长要在 15 秒左右，并且要有足够的激情告诉用户，直播间会送什么样的福利给用户，并且这个福利是要有高的吸引力的，从而吸引用户进入直播间观看。

（3）商品测评类

一般以商品作为测评对象，先体验后评价，然后推荐给用户体验感好的、适合用户需求的商品，引导用户到直播间进行观看购买。

（4）场景体验类

这一类主要是实地走访进行体验，拍摄商品的生长环境或者是商品的生产环境等，打消用户的疑虑，从而进入直播间购买。

（5）情景短剧类

通过一些具有一定故事情景的短视频，来打动用户，引起用户的共鸣，从而点赞并自动进行转发，达到引流吸粉的目的。

（6）直播片段类

这一种也是常见的引流方式，通过介绍即将直播商品，让用户提前了解直播场景，从而吸引用户关注，然后到直播间观看。

活动实施

行业观察　分析知名带货主播的引流方式。

步骤 1：以小组为单位，借助互联网手段，浏览至少 3 名知名带货主播的微博，归纳其微博发布信息情况，填入表 5.3.1。

表 5.3.1 微博推广信息表

主播姓名	微博昵称	粉丝量	微博内容类型	常用的文案类型

步骤 2：借助互联网手段，浏览 3 条以上关于直播助农的微信公众号图文信息，归纳其发布信息情况，填入表 5.3.2。

表 5.3.2 公众号推广信息表

标题	助农活动主题	图文内容特色

技能初探 为扶贫助农直播专场进行多渠道推广 。

背景：由于受新冠疫情影响，交通物流受阻，很多农产品面临销售受阻的问题。因此，星秀传媒工作室准备在平台大促期间进行一场扶贫助农直播，帮助农户销售滞销的大蒜。以下是大蒜的信息，请根据商品信息表（见活动 2 表 5.2.15），进行多渠道推广。

步骤 1：了解大蒜的特点，然后为这场扶贫助农直播专场设计一个微博推广计划，填入表 5.3.3 中。

表 5.3.3 微博推广计划表

发布时间	内容形式的选择	文案的类型	微博文案

步骤 2：按照商品的特点，为这场扶贫助农直播专场设计一个公众号推广计划，填入表 5.3.4 中。

表 5.3.4　公众号推广计划表

标题	内容

步骤 3：按照商品的特点，为这场扶贫助农直播专场设计一个短视频推广计划，填写到表 5.3.5。

表 5.3.5　短视频推广计划表

标题	内容

知识拓展

电商直播助力乡村振兴

近年来，电子商务逐渐成为农产品销售的重要渠道，农村电商成为推动农业升级、农村发展、农民增收，助力乡村振兴的新引擎。各地积极开发乡村发展新业态，通过电商“赋能”，搭建平台，积极探索农村电商直播发展新路径，以流量换销量。如长白山地区红松籽，原生态的自然环境让当地红松籽果仁饱满、松香自然，且富含多种营养物质。但由于受新冠疫情影响，交通物流受阻，当地不少红松籽面临销售受阻的问题，农民发愁如何将这些优质红松籽卖出去。为了解决农户困难，本地县委常委、副县长、青年电子商务协会会长、村第一书记等人，通过“战疫助农”抖音直播活动，推介当地特产松子、榛子等优质农产品。并创下了当天直播累计观看人数超 161 万人，带动当地农产品销售超 3 万件，销售额达 185 万元的佳绩，大大解决了农民的难题。随着直播电商的发展，直播电商为乡村振兴注入新动能。一方面，直播电商打通了现有的农村电子商务体系，给农民增收创富；另一方面，随着更多“电商直播 +”产业的衍生，吸引越来越多的年轻人回家乡创业就业，成为新一代的“新农人”，越来越多的新思想新科技带到农村，从而实现科技助农，科技惠农。

活动2 提升直播间氛围

活动背景

为了贯彻落实国家精准扶贫政策，帮助农产品出山，星秀传媒工作室正在开展“扶贫助农直播”项目，希望能通过直播平台将农户的优质滞销农产品销售出去。老师告诉李丽，进行多渠道吸粉引流后，想要在直播间促使更多的用户下单，还需要学会如何提升直播间氛围，引导用户互动，调动用户的热情，让用户能够停留在直播间的时间更长，促成更多的交易。于是李丽及其团队成员开始着手学习如何提升直播间氛围，以免直播间冷场。

课前引入

你平时观看直播时，有留意到主播设置了哪些互动活动？

____

____

知识窗

直播间互动率越高，热度也会越来越高，越容易获得更多的流量，持续吸引用户进入直播间。因此，掌握直播互动技巧非常重要。目前，直播间最主要的提升氛围的方法有4种。

1.弹幕互动

弹幕，就是以字幕弹出形式显示的评论。弹幕互动主要包括以下两类：

（1）主播与用户之间的互动

为了维持良好的直播氛围，主播在直播过程中要保持与用户之间的互动，一开始可以通过以下方式引导用户互动，不按常规套路跟用户打招呼，如“呀！这谁呀！你怎么也来看我了”。此类的话术故意装熟人搞活动气氛。然后再利用直播间“黄金3秒法则”，就是在3秒的时间内，抛出一个吸引人的话题，留住观众。如：“下面我教大家直播间闪进闪出的问题，飘过直播间的朋友想听的扣6个6。”当观众看到直播间有这样一个问题，吸引了他们继续看下去的欲望，于是就留在了直播间。然后在直播的过程中，主播要及时留意弹幕信息，每一个人都希望自己的问题都能够得到回应，要积极回答用户的问题，从而让用户参与感更强，更积极参与互动。如观众在直播间提出问题：身高165，90斤穿多大码等，类似的这些问题都是比较直接的问题，主播只需要积极回答问题就能够直接促成交易。

（2）用户之间的互动

用户之间的聊天互动，主播可以不用理会，要是有好的话题的话主播也可以切入进去，但是一定要注意，不要被用户的话题牵着走，一定要拉回到直播间主题，把控好局面。

友情提示：主播在直播过程中，不可避免会遇到一些用户出现措辞不当、言语攻击等情况，这个时候，主播要展现出较好的职业素养，不慌不乱，更加不能跟用户在那里硬碰硬，可以用一些活动转移大家的注意力，然后必要时需要对发布不当言论的用户设置禁言或者设置敏感词屏蔽，以保证直播的顺利进行。

2.游戏互动

主播在直播间发起互动游戏，从而活跃直播间氛围，延长用户的观看时间。例如：

你画我猜：主播在直播间用笔画一个东西，然后用户来猜，猜对了可以送优惠券或者红包等。

大家一起来找茬：主播准备好几组商品照片，每组两张，两张照片之间有几处不同，让用户找出不同之处，然后在评论区抢答。这类游戏可以强化用户对商品的认识，从而促进下单。

砸金蛋：主播可以提前准备 3~4 个金蛋（金蛋里面可以放东西），直播的时候放在直播间里，每个金蛋里放一个纸条，上面可以写一些福利或者真心话、回答对应观众的一个问题、简单的惩罚、获得红包等，限时 2~3 分钟，看谁互动最多，就可以获得砸金蛋的权力。

3. 才艺互动

直播间要想和用户互动起来，除了商品，主播的才艺也可以感染他们。如果主播本身会唱歌，会弹唱乐器，或者会玩塔罗牌算命，这些都会吸引大家的注意力。要是主播没有这样的才能，也可以以邀请神秘嘉宾的形式，邀请这些人在直播间进行才艺秀。才艺互动，同时也能给直播间带来更多的互动话题。

4. 连麦互动

连麦是一个网络流行用语，指的是两个人同时在直播间打开麦克风互动。连麦最初是出现在 YY 语音的一种沟通方式。

之前的直播，使用的是单主播模式，主播与观众仅仅使用文字、点赞、礼物等方式进行互动。在主播直播时，观众如果能够与其进行实时的视频互动，给观众连麦露脸的机会，不仅可以活跃直播间的氛围，还将大大提高用户的参与感与幸福感，增加用户黏性。连麦是直播间互动的有效技巧之一，特别是和铁杆粉丝连麦，可以调动粉丝的积极性。据统计，连麦后，可以为直播间带来 3 倍以上的新用户，因此连麦互动已经成为很多主播扩大自身影响力的重要方式。连麦互动可以分为连麦 PK 和连麦讨论两种形式。

（1）连麦 PK

主播 PK 指的是一个主播在直播时,可以对另一个直播间的主播发起挑战。一旦挑战接受，两个直播间的主播就开始进行连麦互动，直播界面一分为二，同时显示两个主播的画面，两方粉丝也会进入到同一个直播间中。 当两个主播成功进入 PK 模式后，两方粉丝通过点赞、刷礼物，通过观众众筹等方式，来为自己的主播打 call。根据直播界面上的蓝色条与对方红色条的贡献度来决定胜负，相当于各自的血条。输了的一方要接受惩罚游戏，可以是真心话大冒险，也可能是一段才艺表演。

为了达到更好的效果，主播在 PK 前后需要注意以下基本事项：至少开播 30 min 后再连麦 PK，刚开始接触连麦 PK 的主播建议选择等级与自己相近的 PK 对象，可以避免因差距过大，打击自己的信心，影响直播积极性。而且要选择风格与自己相似，但能力比自己高的主播 PK，从而学习对方的优点。同时多跟那些玩法丰富的主播连麦 PK，不仅能提升自己直播间的气氛，也能学习对方的玩法，提升自己的能力。

友情提示：主播在直播过程中，PK 次数要适当，不要一味地 PK，容易让自己的粉丝产生厌烦情绪，让粉丝觉得 PK 只是你的赚钱手段，并没有和他们进行更多的有效互动和才艺展示。而且 PK 玩法尺度要适当，不要挑战平台的规则，更不要为了出名去做出违反规则、尺度过大的 PK。同时要注意，随机 PK 会遇到参差不齐的主播，不要随意评价对面主播，遇到奇葩主播也可以选择挂断，要保持良好的职业素养，不要出现言语谩骂的情况。

（2）连麦讨论

连麦讨论也可以分为两种形式，一种是主播与粉丝连麦讨论；另一种是两位以上主播连麦讨论。这种连麦讨论方式可以提高直播内容的专业性，同时也可以帮助直播快速夸大影响力。连麦讨论会帮助你塑造权威和专业度，增加你直播间粉丝的活跃性。而且两个人连麦以后，还可以表演剧本，促进产品销售。连麦互动直播相比传统单向直播，给了观众更直接的参与感以及与主播音视频实时互动的满足感，对提升直播应用的活跃度和黏性都有明显作用。

活动实施

小试牛刀　想想不同种类的产品直播时需要用哪些方法进行互动。

以小组为单位，思考下面不同商品直播时可以选用哪些互动方法来提升直播间的氛围，填入表5.3.6。

表5.3.6　不同产品互动方法

直播商品	互动方法1	互动方法2	互动方法3
水果类			
零食类			
办公用品类			
3C数码类			
化妆品类			

技能初探　在直播过程中提升直播间氛围。

星秀传媒工作室准备在平台大促期间进行一场扶贫助农直播，帮助农户销售滞销的水蜜桃。此次直播中的水蜜桃有以下特点：略呈球形，表面裹着一层细小的绒毛，青里泛白，白里透红。一个桃子一般重200~300 g。水蜜桃皮很薄，果肉丰富，宜于生食。刚从树上摘下来的桃子硬而甜，熟透的桃子软而多汁。水蜜桃属于球形可食用水果类，有美肤、清胃、润肺、祛痰等功效。它的蛋白质含量比苹果、葡萄高一倍，比梨子高七倍，铁的含量比苹果多三倍，比梨子多五倍，富含多种维生素，其中维生素C最高。平时促销39.9元5斤，直播间专享价21.8元5斤，直播间优惠价格仅持续时间为5 min，只有关注主播，点击直播间的商品链接并且在规定的5 min内拍下才可以享受此价格，共5 000份，限时抢购，售罄不再补货。

步骤1：了解商品的特点，列出商品的亮点，分别填入表5.3.7中。

表5.3.7　商品亮点表

序号	亮点
1	
2	
3	
4	
5	

步骤 2：根据商品的亮点，讨论得出要突出的亮点，选择合适的互动方法，填入表 5.3.8 中。

表 5.3.8 选择合适的互动方法

商品亮点	互动方法

步骤 3：按照上面所选的互动方法，探讨并罗列具体的互动话术，填写到表 5.3.9。

表 5.3.9 互动话术

序号	互动话术
1	
2	
3	

步骤 4：完成后，选出小组代表分享成果。

知识拓展

打造 VR 直播，颠覆用户视觉体验

直播带货不是一蹴而就的，需要一个循序渐进的过程，让用户从陌生——熟悉——信任——购买的过程，而直播互动技巧在中间起到关键作用。而随着技术的发展，用户的要求越来越高，他们开始追求更高更真实的视觉体验，以前游戏和电影通过 3D 技术实现视觉立体感，现在则通过 VR 技术让用户体验更加真实的虚拟场景。因此，为了提高用户的体验感，直播平台现在也在考虑将 VR 应用到直播中。VR 直播，是虚拟现实与直播的结合。与传统电视观看相比，VR 直播最大区别是让观众身临其境，感觉自己是来到现场，实时全方位体验。比如，花椒直播打造 VR 直播，用户戴上 VR 设备后，可以看到立体的直播内容，感受 360° 的全景体验，进一步打破了人与人之间的空间壁垒，用户还可以与明星、主播“零距离”沟通，彻底颠覆了用户的视觉体验。

合作实训

为了更好地理解和掌握促单转化技巧，提升直播间营销力，我们将进行下述实训操作：扶贫助农直播项目—农产品带货直播实训。

水蜜桃商品详细介绍

实训背景：农为邦本，本固邦宁。全面建设社会主义现代化国家，大头重头在“三农”，基础和潜力也在“三农”。稳住农业基本盘、守好“三农”基础是应变局、开新局的“压舱石”。因此国家出台精准扶贫政策，帮助农产品出山。因此，星秀传媒工作室准备在平台大促期间进行一场扶贫助农直播，帮助农户销售滞销的水蜜桃。李丽及其团队成员加入了该项目组，要把他们学习到的直播技能运用到扶贫助农公益活动中。此次直播中的水蜜桃资料可以扫二维码获取。

实训要求：请你根据背景介绍以及商品资料，制订农产品直播带货营销方案，并且根据规划表以及相应的话术，进行直播，检验对之前所学直播理论知识的掌握情况。

实训步骤：步骤 1：确定直播目标。经工作室决策层商议决定，计划通过直播达成 60 万元销售额总目标，请结合已知信息与下表已知数据，计算并完成表格填写，确定直播营销目标，完成表 5.3.10 填写。（成交转化率百分比显示，四舍五入保留两位小数）。

已知计算公式：客单价 = 销售额 / 成交人数；件单价 = 销售额 / 成交件数；成交转化率 = 成交人数 / 直播观看人数 ×100%。

表 5.3.10　直播目标拆解表

指标	数值
销售额（元）	
直播观看人数（人）	36 000
成交人数（人）	12 000
客单价（元）	
件单价（元）	
成交件数（件）	30 000
成交转化率	
新增关注人数（人）	100
粉丝平均在线时长（分钟）	3

步骤 2：直播人群定位以及主播人设定位，完成表 5.3.11 填写。

表 5.3.11　主播定位表

主播定位维度	主播定位
分析直播目标人群定位	性别： 年龄：
主播自身人设定位	主播身份：新农人或农产品品类专业主播 主播形象：
主播直播价值定位	达到销售额 60 万元以上
主播解决问题定位	解决用户痛点，强调商品卖点，并根据直播用户反馈，进行有效互动，完成销售任务

步骤 3：小组开会讨论，撰写直播规划表，完成表 5.3.12 填写。

表 5.3.12　直播规划表

<table>
<tr><td>直播主题</td><td colspan="4"></td></tr>
<tr><td>直播话题</td><td colspan="4"></td></tr>
<tr><td>直播时间</td><td></td><td>商品数量</td><td colspan="2"></td></tr>
<tr><td rowspan="2">达成目标</td><td colspan="4">销售目标：</td></tr>
<tr><td colspan="4">人气增长目标：</td></tr>
<tr><td>商品的价格</td><td colspan="4"></td></tr>
<tr><td>人员安排</td><td colspan="4"></td></tr>
<tr><td rowspan="4">引流吸粉</td><td>宣传渠道</td><td>活动形式</td><td>宣传文案</td><td>目标新增流量</td></tr>
<tr><td>1. 微博</td><td></td><td></td><td></td></tr>
<tr><td>2. 微信公众号</td><td></td><td></td><td></td></tr>
<tr><td>3. 短视频</td><td></td><td></td><td></td></tr>
<tr><td rowspan="4">设置的互动环节与玩法</td><td colspan="2">互动方法</td><td colspan="2">话术</td></tr>
<tr><td colspan="2">1. 弹幕互动</td><td colspan="2">如：欢迎 × 哥 × 嫂来到我们直播间，呀，连 ×× 都来看我了，感谢感谢。下面我教大家直播间闪进闪出的问题，飘过直播间的朋友想听的扣 6 个 6</td></tr>
<tr><td colspan="2">2.</td><td colspan="2"></td></tr>
<tr><td colspan="2">3.</td><td colspan="2"></td></tr>
<tr><td rowspan="6">商品介绍话术</td><td colspan="4">1. 商品的外观及基本参数：</td></tr>
<tr><td colspan="4">2. 商品的核心卖点：</td></tr>
<tr><td colspan="4">3. 介绍商品直播间的专享福利，介绍领取福利的方法并且演示</td></tr>
<tr><td colspan="4">4. 商品的物流、售后服务等</td></tr>
<tr><td colspan="4"></td></tr>
<tr><td colspan="4"></td></tr>
</table>

步骤 4：按照直播规划表，撰写直播稿，并以小组为单位进行口播。

实训评价

评价内容	评价标准	分数	得分
工作态度	态度端正、工作认真、按时完成	20	
实训技能	工作完成程度、实训技能掌握程度	30	
实训效果	规划表的准确度与美观度	20	
分享成果	口播的整体效果	20	

续表

<table>
<tr><th>评价内容</th><th colspan="2">评价标准</th><th>分数</th><th colspan="2">得分</th></tr>
<tr><td>职业素养</td><td colspan="2">知识与技能的灵活应用</td><td>10</td><td colspan="2"></td></tr>
<tr><td colspan="3">合计</td><td>100</td><td colspan="2"></td></tr>
<tr><td rowspan="4">自我分析</td><td colspan="5">遇到的难点及解决方法</td></tr>
<tr><td colspan="5"></td></tr>
<tr><td colspan="5">需要提升的地方</td></tr>
<tr><td colspan="5"></td></tr>
<tr><td colspan="2" rowspan="2">综合评价</td><td>自我评价（20%）</td><td>小组互评（30%）</td><td>教师评价（50%）</td><td>综合得分</td></tr>
<tr><td></td><td></td><td></td><td></td></tr>
</table>

项目小结

本项目是实施直播电商最具实操性的环节，通过本项目的学习，了解了直播间用户消费动机，认识了直播商品介绍的逻辑和直播间商品五步销售法，掌握了直播营销话术设计要点、原则和直播间互动方法。同时能够利用以上知识完成直播规划表，为以后的直播打下了扎实的基础。在学习和实训过程中，培养了团队合作意识和创新创作能力，养成认真踏实、积极进取的工作作风，并且通过接触扶贫助农项目，近距离接触了解国家扶贫助农政策，增强社会责任感。并在学习过程中规范职业行为，遵守行业法律、法规，提高职业素养。

项目检测

1. 判断题（正确的打“√”，错误的打“×”）

（1）所有的需求都能转化为消费动机，进而引起购买行为 。（　　）

（2）直播话术不是独立存在的，它与主播的行为习惯、表情动作、现场展示等密切相关。（　　）

（3）直播弹幕互动主要包括以下两类：一类是主播与用户之间的互动，一类是观众之间的互动。（　　）

（4）在进行商品演示时，不用面对顾客，使顾客看到主播演示的过程。（　　）

（5）直播间最主要的吸粉引流方式为站内引流和站外引流。（　　）

2. 单项选择题（每题只有一个正确答案，请将正确答案填在括号后）

（1）以下不属于开展微博推广常见的形式（　　）。

A. 文字　　B. 文字 + 图片　　C. 文字 + 短视频　　D. 文字 + 直播回放

（2）某企业计划借助短视频平台宣传“水蜜桃”，为突出产地直销卖点宜围绕（　　）方向进行内容策划?

A. 产地　　B. 外观　　C. 故事　　D. 口味

（3）在某场直播中，主播在介绍商品时说道“这款面膜的主要功效是祛痘、修复肌肤、舒缓肌肤、补水和为肌肤锁水等。一般是不含任何过敏成分”，请问主播是使用了以下哪种商品介绍逻辑？（　　）

A. 介绍外观及基本参数　　B. 介绍核心卖点
C. 导入商品　　D. 优惠价格和福利活动

（4）以解决问题为出发点，引入产品，分享本场直播或本场直播中推荐的商品，解决掉之前提出的问题，是属于直播间商品五步销售法中的哪一个？（　　）

A. 提出问题　　B. 放大问题　　C. 引入商品　　D. 提升高度

（5）在某场直播中，主播说：“今天的优惠力度是空前的，这款商品商家只给了 2 000 件，过后再也不会按这个价格卖了。”请问主播使用了哪种直播营销常用话术？（　　）

A. 商品介绍话术　　B. 互动关注话术　　C. 引导下单话术　　D. 下播预告话术

（6）以下哪些不属于直播收尾话术？（　　）

A. 商品介绍话术　　B. 催付话术　　C. 下播致谢话术　　D. 引导关注话术

3. 多项选择题（每题有两个或两个以上的正确答案，请将正确答案填在括号后）

（1）常见的直播互动方式有（　　）。

A. 弹幕互动　　B. 连麦 PK　　C. 游戏互动　　D. 才艺互动

（2）以下属于食品类讲解要点的是（　　）。

A. 安全性　　B. 口感　　C. 风味　　D. 材质面料

（3）以下属于直播间商品五步销售法的是（　　）。

A. 提出问题　　B. 放大问题　　C. 引入商品　　D. 提升高度

（4）站外引流渠道包括（　　）。

A. 短视频平台　　B. 微博　　C. 微信公众号　　D. 知乎

（5）在设计直播话术时，需要符合哪些原则？（　　）

A. 专业性　　B. 真诚性　　C. 趣味性　　D. 互动性

（6）以下哪些是属于开场预热话术？（　　）

A. 欢迎话术　　B. 暖场互动话术　　C. 说明主题话术　　D. 引导成交话术

4. 简答题

（1）简述直播商品介绍的逻辑。

（2）简述开展微博推广时，微博的文案设计可以从哪几个方面入手进行设计。

（3）简述在直播中，促进客户下单的技巧有哪些。

项目6
直播带货实训：强化直播电商实践技能

回 项目综述

二十大报告提出建设数字中国，加快发展数字经济，促进数字经济和实体经济深度融合，打造具有国际竞争力的数字产业集群。根据国家互联网信息办公室发布的《数字中国发展报告（2021 年）》，我国已建成全球规模最大、技术领先的网络基础设施。截至2021年底，我国已建成142.5万个5G基站，总量占全球60%以上，5G用户数达到3.55亿户，行政村、脱贫村通宽带率达100%。随着5G、AI、大数据等技术的发展与应用，以抖音、淘宝直播等为代表的直播电商平台通过数字经济新模式、新理念、新业态，对扩大消费带动就业、深度融合实体经济、助力国内国际双循环具有重要意义。

通过前面几个项目的学习，李丽及其团队成员对直播电商的直播前、直播中、直播后整个流程有了一定的了解，能够策划直播方案并撰写直播脚本，也能够设计直播素材进行预热并发布直播预告，对直播过程中的主播、助播等工作也有一定的了解，同时能够制订直播复盘计划。于是，李丽及其团队成员跃跃欲试，想开展各个不同类型产品的直播。

林老师告诉李丽，为了更好地开展直播，除了要掌握这些内容之外，还需要搭建直播间，入驻直播平台，掌握直播平台的各种操作。经过学习，李丽了解到要成功开始一场电商直播，还需要选择合适的直播平台以及设计并搭建直播间。接下来，让我们走进项目6，和李丽一起搭建直播间、入驻直播平台并进行直播带货。

回 项目目标

通过本项目的学习，应达到的具体目标如下：

知识目标

◇了解搭建直播间的内容、方法和技巧。
◇掌握虚拟背景的设置方法。
◇掌握开通淘宝直播的方法。

能力目标

◇能够针对实际情况布置直播间背景。
◇能够完成直播间的基本搭建工作。
◇能够在淘宝直播平台发布直播预告、上架和讲解直播商品。
◇能够使用淘宝直播中控台管理直播。

素质目标

◇培养合理摆放直播间物品的习惯。
◇培养在直播时，拥有情绪自信与产品自信。
◇提升专业技能，学习用户心理，站在用户的角度考虑问题。

项目思维导图

- 直播带货实训：强化直播电商实践技能
  - 任务 1　主流直播电商平台实训
    - 活动 1　搭建直播场景
    - 活动 2　淘宝直播
  - 任务 2　不同类目实训
    - 实训 1　农产品直播
    - 实训 2　零食直播
    - 实训 3　美妆产品直播
    - 实训 4　生活用品直播

任务1 主流直播电商平台实训

情境设计

林老师告诉李丽每一场带货效果良好的直播都是经过精心的设计，除了理清直播前、直播中、直播后的思路，还要在直播前搭建合适的直播场景，选择好并入驻直播平台，开通直播功能。开通之后还要学会如何进行开播以及如何管理直播间，这些都是在直播前必须要掌握的直播知识。

任务分解

为了成功开展一场直播活动，李丽及其团队成员在林老师的指导下了解了直播场景的搭建，并开通淘宝直播功能，同时还需学会如何管理直播间和直播间推流等重点内容。

活动 1　搭建直播场景

活动背景

前面学习了直播所需的各种设备，为了让用户停留在直播间，林老师告诉李丽要在直播前搭建好合适的直播场景，为直播做好充足的准备工作。

课前引入

在淘宝直播平台任意观看几场不同类型的直播活动，分析直播间场景各有什么不同？

____

____

知识窗

直播间是主播与用户交流互动的场景，很多用户对主播的第一印象都是从主播的外貌和直播间给人的感觉中获得的。直播间的布置往往能够呈现出很多有关主播的信息，能够突出主播的个性特征，从而有助于加深粉丝的印象。

1. 直播场地的基本要求

对直播场地的规划与选择是直播中非常重要的一环，好的场地不仅可以为直播带货带来稳定的直播效果，还可以拉近与用户之间的距离。直播场地分为室内场地和室外场地，直播场地不同，规划要点也不同。常见的室内场地有办公室、会议室、工作室、门店、住所等；常见的室外直播场景有果园采摘、户外探险、生活日常、风景旅游等。

（1）室内直播场地基本要求

①环境安静：隔音效果良好，能够有效地避免杂音的干扰；收音效果好，能够避免产生回音。

②空间适宜：要确保能够完整地展示商品，直播画面要美观。此外，直播商品较多时，要为待播商品、桌椅、黑板等道具和其他工作人员预留空间。

③光线充足：自然光要充足，保证直播的真实感和美观度。如果直播场地较封闭，需要借助灯光设备补充光源，提高直播画面的视觉效果。

（2）室外直播场地基本要求

室外直播场地适合规模较大的直播或需展示商品货源、产地的直播。选择室外直播一般要考虑天气状况、场地大小以及室外的环境情况。

2. 室内直播场地区域划分

一个合理规划的直播场地，通常包括直播区、商品摆放区、后台区以及其他区域，不同区域有不同的要求，见表 6.1.1。

表 6.1.1　直播场地区域划分

区域	说明
直播区	主播直播的区域，展示直播情景和推荐的商品、道具等
商品摆放区	用于放置需要讲解的直播商品样品，当商品数量较多时，可用货架 / 柜分门别类放置商品
后台区	幕后工作人员的工作区域
其他区域	可作为主播试衣间、化妆间，或放置直播设备、道具等

3. 直播间的背景布置

直播间的背景直接决定了用户的第一印象，以及用户停留的时长。直播间背景要遵循简洁明了的原则，一般来说背景设计最好与直播风格、主播格调一致，背景墙颜色以浅色或纯色为主，不花哨凌乱。

常见的直播间背景主要有实景背景和虚拟背景两种。

（1）实景背景

实景背景是指实际搭建一个场景进行直播。作为电商直播间，可以用销售的商品来装饰直播间，如用摆满商品的货架为背景，如图 6.1.1 所示；可以使用有品牌 Logo 的背景墙为背景，如图 6.1.2 所示；可以使用实体店为直播背景，即凸显直播的场景感，又给用户带来真实的感觉，以此赢得用户的信任，如图 6.1.3 所示。

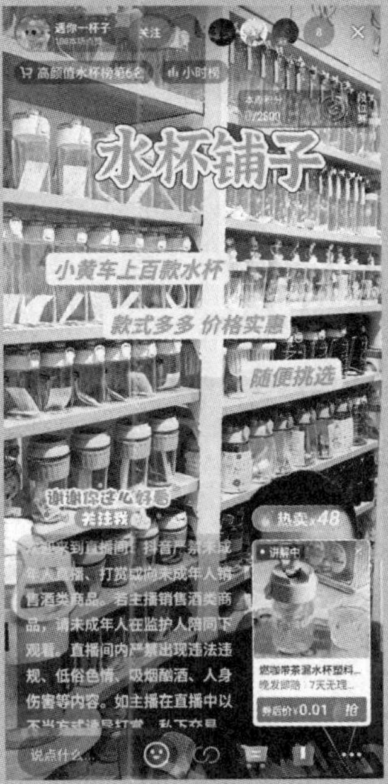

图 6.1.1　商品货架背景

图 6.1.2　品牌 Logo 背景

图 6.1.3　实体店为背景

（2）虚拟背景

虚拟直播场景，是“技术”与“创意”的结合，一般采用绿幕作为直播间的实体背景，然后通过直播推流软件上传设计好的图片替换绿幕作为直播间背景。此类型的直播间背景可以随风格或直播主题自由切换，让用户体验不同的直播场景，可以更深入地了解带货产品，留住粉丝，快速成交。

4. 直播间的灯光布置

灯光可以制造氛围、营造风格，细致的光线可以刻画出具有鲜明视觉形象的人物和产品，打造出精致的直播画面。直播间常用的灯光包括主光、辅助光、轮廓光、顶光和环境光。

（1）主光

主光又称“塑型光”，为直播间提供主光源，正对着主播正面，与视频摄像头上的镜头光轴形成 0°~15° 的夹角，从这个方向照射光线充足、均匀，并使面部肌肤白皙、柔和，起到磨皮美白的作用。

（2）辅助光

辅助光是辅助主光的灯光，一般放置在主播的左右两侧，能够增加主播的整体立体感，起到突出侧面轮廓的作用。在调试辅助光时要注意避免光线太亮导致出现过度曝光和部分太暗的情况。

（3）轮廓光

轮廓光放在主播身后的位置，形成逆光效果，也称为逆光。它可以使主播的轮廓分明，还可以将主播从直播间背景中分离出来，突出主播主体形象。

（4）顶光

顶光从主播的头顶位置进行照射，会产生投影感，有利于塑造主播轮廓，起到瘦脸的作用。顶光离主播距离不要超过 2 m，否则容易在眼睛和鼻子下方形成阴影。

（5）环境光

环境光也称背景光，用来照明主播周围环境和背景，其作用是烘托主体或渲染气氛，可以使直播间的光线效果尽可能地和谐、统一。

在为直播间布光时，要考虑主播的受光程度和其所处的位置，位置不同，受光效果不同。合理布置直播间灯光位置，不仅可以营造气氛，塑造视频画面风格，还可以使主播和商品呈现更理想的画面效果。常见的布光方法见表 6.1.2。

表 6.1.2　常见的布光方法

方法	具体说明
三灯布光法	将自带柔光罩的环形柔光灯作为主要灯源放置在主播的正面作为面光，另外两台柔光灯分别放在主播两侧打亮身体周围。柔光灯柔和的光线使商品更有质感和吸引力，这种布光法适用于空间较小的场景，如服装、美妆等多种直播场景，能够突出立体感和空间感
伦勃朗布光法	斜上光指光源从主播头顶左右两侧 45° 的斜上方打下的光，这种布光法可以突出鼻子的立体感，强调主播的脸部骨骼结构
蝴蝶光瘦脸法	在主播头顶偏前的位置布置光源，让主播的颧骨、嘴角和鼻子等部位的阴影拉长，从而拉长脸部轮廓，达到瘦脸的效果。脸庞太瘦或颧骨太高的主播不适用这种布光法

友情提示：每种灯光都有各自的优缺点，相互配合可以互相弥补，布光、调光是一个漫长的过程，需要耐心调试，才能找到适合自己的灯光效果。

5. 直播间的物料摆放

（1）商品摆放

小件商品可摆放在陈列台或陈列桌上，让用户一进入直播间便可了解商品。对包装商品，可以将包装拆开，直观地展示商品的细节。对大件商品，可以将其陈列在主播身后或两侧。

（2）宣传物料摆放

直播间的物料可以分为线上物料和线下物料，线上物料包括悬浮卡、动态字幕、贴片图、背景视频、桌面遮挡牌等，线下物料包括各种引导牌、直播道具以及装饰物。物料种类丰富，在直播中需要注意物料的摆放，装饰物一般放置在直播的桌面上或直播间的地面上用来装饰直播间背景，引导牌和直播道具一般在直播过程中通过主播或助播进行手持展示。线上直播间物料的摆放见表 6.1.3。

表 6.1.3　线上直播间物料的摆放

类型	具体说明
悬浮卡 / 贴片	有静态的悬浮卡也有动态的，一般悬浮于直播间的最上层、左右两侧，用于展示活动、产品、福利优惠等信息，丰富直播间内容
动态字幕	一般在直播间的上层或评论互动区出现，以动态文字的形式展示活动、产品、福利优惠等信息
产品视频	一般放置于直播间上层，或作为背景展示，可循环播放视频内容
桌面遮挡牌	一般放置于直播间下层，丰富及美化直播间桌面内容

活动实施

小试牛刀　搭建直播间。

（1）布置直播场地

元旦将进行国货美妆专场的直播，现在需要进行直播间设计，确保直播间开播时会有较好的销量和粉丝关注，完成表 6.1.4。

表 6.1.4　直播间布置

任务步骤	具体内容	结果展示
直播场地设计	从以下类型进行选择，并说明具体要求： （1）室内直播场地 （2）室外直播场地	
场景布置	从以下几项说明直播间场景的布置： （1）直播间大小 （2）直播间背景墙 （3）货架 （4）直播桌、椅	
直播间道具的使用	说明使用的道具及原因	

（2）直播间灯光设置

良好的直播间效果除了需要布置直播场地，还需要有良好的灯光效果来进行辅助，确保直播间开播会有较好的销量和直播效果，完成表 6.1.5。

表 6.1.5　直播间灯光设置

任务步骤	具体内容	结果展示
直播间光源的选择	选择合适的光源，并进行合理的摆设： （1）主光 （2）辅助光 （3）轮廓光 （4）顶光 （5）环境光	
直播间的布光方法	选择哪种布光方法，并阐述原因： （1）三灯布光法 （2）伦勃朗布光法 （3）蝴蝶光瘦脸法	

技能初探　设置虚拟直播背景。

步骤 1：使用图片处理工具或在线图片生成工具，制作直播背景图，大小为 1080 px×1920 px，并加入活动主题“国货美妆专场”文案，如图 6.1.4 所示。

步骤 2：添加直播素材，将图片设置为直播背景，如图 6.1.5 所示。

图 6.1.4　直播间背景

图 6.1.5　将图片设置为直播背景

知识拓展

直播场景多元化　国货品牌迅速崛起

今年“五五购物节”和“618 购物节”大促期间，5 月 9 日国际美妆专场直播中新推出了“小李课堂”，以小课堂的形式手把手教“所有女生”购买适合自己的产品。同时，还将目光瞄准国货品牌，在 6 月 20 日晚上进行了红色文创专场直播，推荐的产品包括国货食品、化妆品、生活用品，还包括一些来自乡村的食品品牌。

活动 2　淘宝直播

活动背景

通过前面的学习，李丽及其团队成员跃跃欲试想开一场直播，林老师告诉李丽直播必须依托一定的平台，在开播前要对直播平台有一定的了解，要掌握平台的开通规则、入驻条件等。李丽及其团队成员还需要学习如何入驻平台、商品上下架、管理直播间，为正式直播取得良好效果而作准备。

课前引入

如果要你开一场直播，你会选择哪一个直播平台，为什么？

____

____

知识窗

1. 认识淘宝直播

2016 年淘宝直播正式上线，它是阿里巴巴集团推出的直播平台，定位于“消费类直播”，涵盖服饰、母婴、美妆、家电等类目。主要通过淘宝主播在线展示服饰搭配、美妆护肤等内容，在直播过程中用户可以和主播进行实时互动，可以在不退出直播间的情况下查看商品详情页，并下单购买。

淘宝直播有多个入口：一是 PC 端淘宝网首页直播入口（见图 6.1.6）；二是手机端的“淘宝直播”入口（见图 6.1.7）；三是淘宝直播 APP（见图 6.1.8）。淘宝直播 App 是阿里巴巴为电商直播而打造的独立客户端，它组建了全新的直播生态，用户登录淘宝直播 App 后，所有的成交都可以在淘宝直播 App 内部完成，无需跳转至淘宝网。

图 6.1.6　PC 端淘宝直播入口

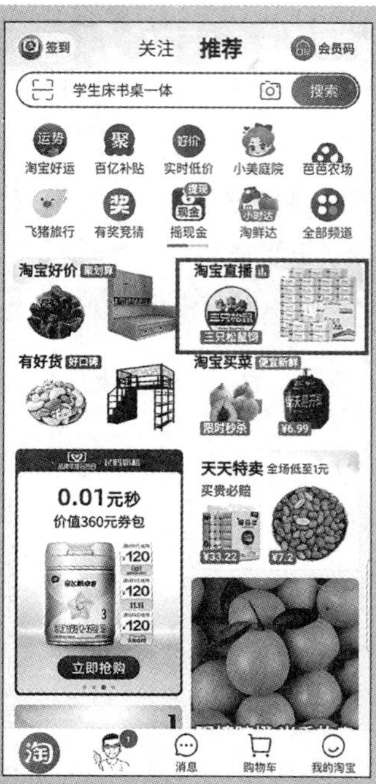

图 6.1.7　手机淘宝直播入口

图 6.1.8　淘宝直播 App 首页

2. 淘宝直播类型

淘宝直播主要有两种形式，即达人直播和店铺直播。以达人身份开通直播发布权，就是达人直播。淘宝达人可以是在某个领域非常专业、出类拔萃的人，可以利用一些平台或渠道分享自己的专业知识，并向别人推荐商品，淘宝达人直播也称为个人直播。

以商家身份为淘宝店铺开通直播发布权，就是店铺直播。店铺直播的核心在于店铺，很多商家通过直播来打造爆款，提升店铺的转化率。

3. 淘宝直播权限

淘宝直播发布权限是淘宝直播的基础权限，开通权限后，达人和商家可以使用淘宝直播进行直播，并可以在淘宝集市店铺首页、天猫店铺首页展示。达人和商家想要获得直播发布权，需要满足一定的要求，见表 6.1.6。

表 6.1.6　达人和商家获得直播发布权限需满足的要求

申请人身份	需满足的要求
达人	（1）必须要有一个绑定了支付宝实名认证的淘宝账号 （2）淘宝账号已在阿里创作平台注册成为达人 （3）淘宝账号未开通店铺，已开店的账号若要申请达人主播，必须释放店铺，否则需要走商家直播权限开通流程
商家	（1）是淘宝卖家或天猫商家，且店铺处于正常状态 （2）淘宝店铺等级在一钻或一钻以上 （3）主营类目在线商品≥ 5，近 30 天店铺销售商品件数≥ 3，且近 90 天店铺成交金额≥ 1 000 元 （4）本自然年度内不存在出售假冒商品的违规行为 （5）商家具有一定的客户运营能力 （6）淘宝卖家必须符合《淘宝网营销活动规范》，天猫商家必须符合《天猫营销活动基准规则》

浮现权是淘宝直播平台赋予创作者的，将其发布的直播内容优先展示在淘宝直播频道的权力。对满足以下条件的主播，淘宝直播平台会优先对其开放浮现权：

①主播成长等级达到“等级 2”。

②近 30 天创作者利用直播的方式推广的商品纠纷退款笔数不超过 5 笔。

③近 30 天创作者利用直播的方式推广的商品品质退款率不得超过所有以直播方式推广商品的品质退款率均值。

④保持稳定的开播频次，持续推广优质的商品，持续生产优质的直播内容，如不再满足该条件，平台会收回浮现权。

活动实施

小试牛刀　开通淘宝直播权限。

步骤 1：下载并登录淘宝主播 APP，单击“立即入驻”按钮，如图 6.1.9 所示。

步骤 2：进入主播入驻界面，选中“同意以下协议”单选按钮，然后点击“去认证”按钮，如图 6.1.10 所示，根据指引完成实名认证。

步骤 3：主播入驻成功，即可进行淘宝直播。

图 6.1.9　点击“立即入驻”即可开启直播

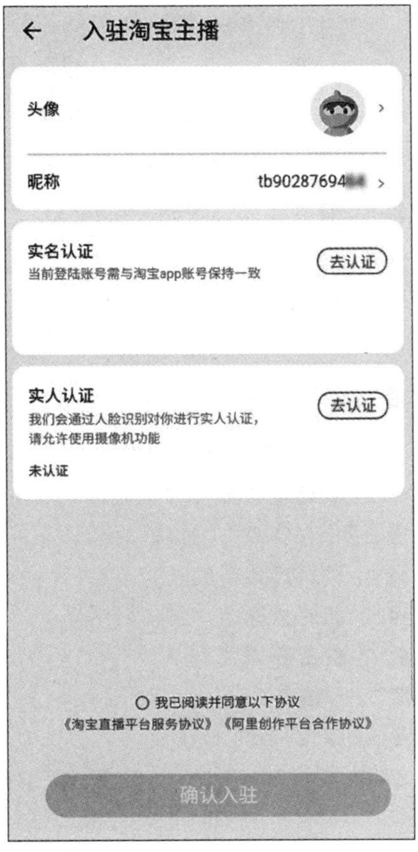

图 6.1.10　点击“去认证”按钮

崭露头角　手机端发起直播。

步骤 1：登录淘宝主播 APP，点击“淘宝直播”按钮，如图 6.1.11 所示。

步骤 2：进入直播页面，设置直播封面、直播间标题、直播地点、频道栏目等信息，如图 6.1.12 所示。点击“开始直播”按钮，进入直播界面，如图 6.1.13 所示。

图 6.1.11　点击“淘宝直播”按钮

图 6.1.12　填写直播信息

图 6.1.13　直播界面

步骤 3：在直播界面下方点击“上架”按钮，在打开的界面中选择商品。主播除了添加本店商品进行直播带货外，还可以添加购物车商品、收藏或最近浏览的商品进行代播，如图 6.1.14 所示。

步骤 4：在直播界面下方点击最左侧购物袋按钮，可以查看直播商品列表，如图 6.1.15 所示。

步骤 5：在直播界面下方点击推广按钮，可以分享直播间，如图 6.1.16 所示。

直播之星　PC 端管理直播。

步骤 1：下载并登录 PC 端淘宝直播。

步骤 2：创建直播或推流已有的场次。

步骤 3：上架商品。

步骤 4：编辑商品利益点。

步骤 5：推送至宝贝口袋。

步骤 6：设置爆款置顶。

步骤 7：讲解商品。

步骤 8：结束讲解，结束直播。

步骤 9：查看直播数据。

PC 端管理直播

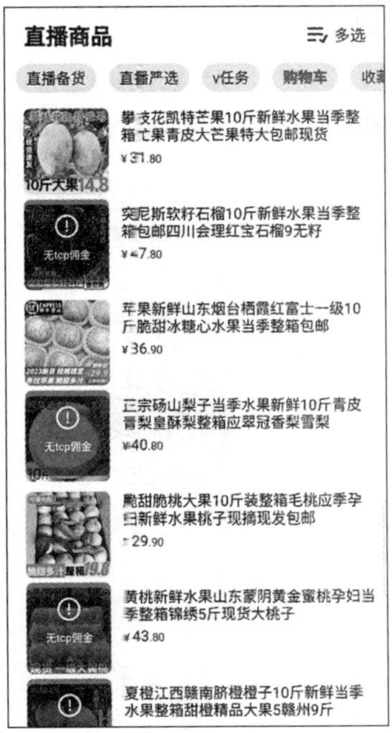

图 6.1.14　购物车上架商品

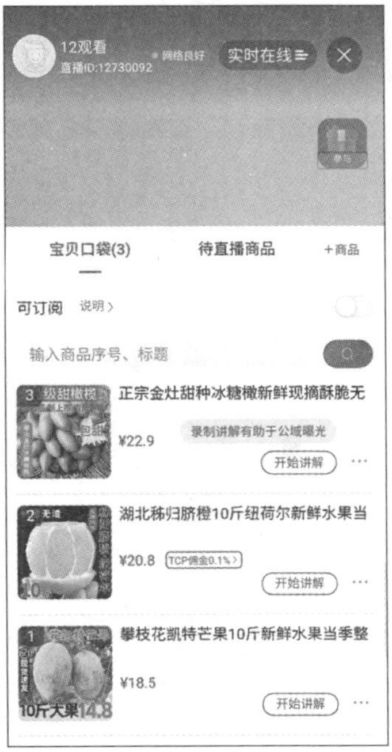

图 6.1.15　查看直播商品列表

图 6.1.16　分享直播间

直通职场　直播间互动活动设置。

步骤 1：登录 PC 端淘宝直播中控台，在互动中心面板中单击“优惠券 & 红包”按钮，如图 6.1.17 所示。

图 6.1.17　单击“优惠券 & 红包”按钮

步骤 2：在弹出的界面中设置领取条件，然后单击“自有权益 & 授权的权益”按钮，如图 6.1.18 所示。

图 6.1.18　单击“自有权益 & 授权的权益”按钮

步骤 3：在互动中心面板中单击“福利抽奖”按钮，在弹出的对话框中设置抽奖信息，然后单击“开始抽奖”按钮，如图 6.1.19 所示。

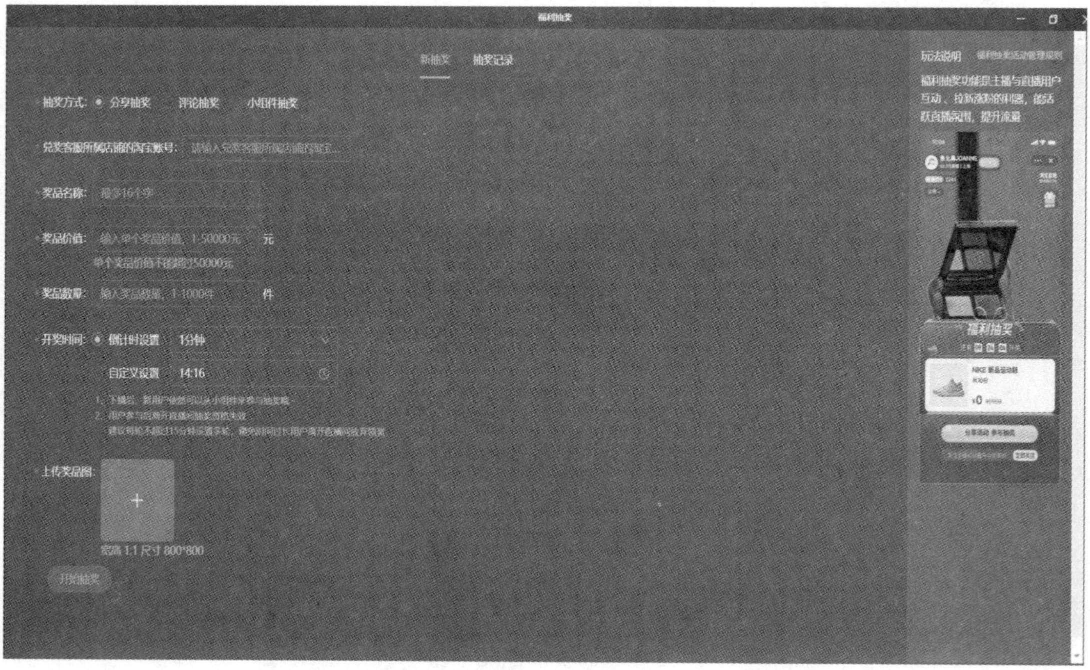

图 6.1.19　设置抽奖信息

步骤 4：在互动中心面板中单击“信息卡”按钮，在弹出的对话框中选择“创建”按钮，如图 6.1.20 所示。

图 6.1.20　单击“创建”按钮

步骤5：在弹出的对话框中设置信息卡的内容，然后单击“确定”按钮，如图 6.1.21 所示。

图 6.1.21　填写信息卡

步骤6：在互动中心面板中双击“信息卡”按钮，在弹出的对话框中选择“添加到画面”按钮，如图 6.1.22 所示，可以将信息卡添加到直播页面。

图 6.1.22　添加到画面

活动评价

李丽及其团队成员通过学习，掌握了开通淘宝直播的方法，学会了上架直播商品，并运用淘宝中控台管理直播。

知识拓展

直播平台争相发展，平台规则要注意

随着直播带货模式的兴起，很多商家涌入直播电商行业，各大平台也纷纷入局加码直播电商。在直播前需要选择直播平台，主播需在第一时间了解平台规则，避免造成禁播或平台警告。不可有不正当言论，禁止传递不良价值观、不道德的观点，不可以出现低俗、不良穿衣风格等行为，必须符合直播平台的规范要求。

任务2 不同类目实训

情境设计

林老师告诉李丽，要想成为直播达人，得多加练习，熟能生巧，需要熟练操作直播平台，熟悉商品讲解的逻辑顺序，并且需要对各品类的直播进行练习，才能将自己锻炼成直播达人。

任务分解

为了提高团队的直播技能，李丽及其团队成员开始了不同品类的直播实训，主要涉及农产品直播、零食类产品直播、美妆产品直播以及生活用品直播。接下来，我们一起进行直播实训。

实训 1　农产品直播

实训背景：为了助销滞销农产品，助力农民脱贫致富，星秀传媒工作室正火热开展“农产品直播带货”项目，希望能通过直播平台把优质的农产品推广出去。李丽及其团队成员加入了农产品直播项目组，并且打算在近期直播销售普宁特产青梅以及当地的果蔬，他们要将学习到的知识与技巧运用到直播中去。

普宁青梅是当地的特产，优良品种有 10 多个，其中软枝大粒梅、大青梅、白粉梅、黄枝梅、软枝乌叶梅、青竹梅是主要栽种的优良品种。同时果梅加工制品品种丰富，主要有干湿梅、咸水梅，蜜饯类有蜜梅、酥梅、陈皮梅、情人梅、相思梅、甘草梅、话梅等几十个品种。

本次直播是首次直播，商品要体现出物美价廉，物超所值的特点，吸引用户留在直播间，从而实现转化，李丽及其团队成员需要通过市场数据分析，要从梅果加工制品以及当地的各种水果等 15 款商品中选择 6 款本次要直播的商品，其中需包含两款本次直播指定的商品咸水梅和油柑，策划并实施一场完整的直播。

直播商品介绍

本次直播指定的两款商品介绍见二维码。

实训描述：本次实训要求同学们根据直播主题和产品，规划商品结构，策划直播方案并设计直播脚本，搭建直播场景，设计直播预热素材，发布直播预告，利用淘宝直播平台开展一场直播带货活动，并制订直播复盘方案。

实训步骤：回顾前面课程所学知识并按照以下的步骤进行实训：

1. 甄选直播商品，规划商品结构

根据主题活动甄选直播商品，并通过表格的方式列出直播间商品的组合策略，制订直播价格，规划上架顺序，完成表 6.2.1。

表 6.2.1　规划直播产品

序号	商品组合	商品名称	规格	直播价	上架顺序	库存	有无赠品
1	引流款						
2							
3	福利款						
4							
5	利润款						
6							
7	爆款						
8							

2. 策划直播方案，设计直播脚本

根据直播主题，设计直播商品福利活动，产品讲解话术，明确人员分工，完成表 6.2.2。

表 6.2.2　整场直播脚本

直播活动概述	
直播主题	
主播助播	
直播目标	
福利活动	
直播时间	
注意事项	

续表

直播流程						
时间段	流程规划	目的	产品讲解	人员分工		
				主播工作	助理工作	场控 / 客服
19 : 00—19 : 05	开场预热	吸引人气				

3. 搭建直播场景

根据直播主题、营销活动以及提供的素材,设计并搭建呼应活动场景的直播间,如图 6.2.1 所示。

图 6.2.1 搭建直播场景

4. 设计直播预热素材,发布直播预告

①根据素材设计直播预热,选择合适的渠道和时间进行预热,完成表 6.2.3。

表 6.2.3 做好直播预热

预告发布形式	预告渠道	预告发布时间

②点击“选择场次”创建直播间，设置直播标题、频道栏目、直播地点、直播封面和直播内容简介，然后点击“创建直播”按钮，如图 6.2.2 所示。

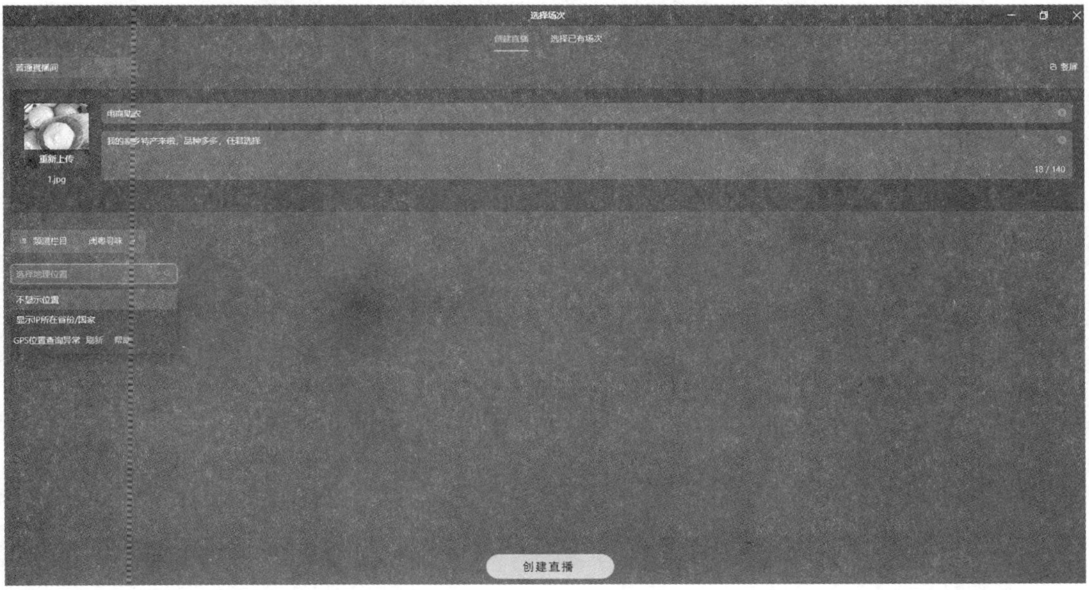

图 6.2.2　创建直播

5. 利用淘宝直播平台进行直播

①选择“商品上架”完成上架商品，将商品推送至宝贝口袋，并进行商品讲解，如图 6.2.3 所示。

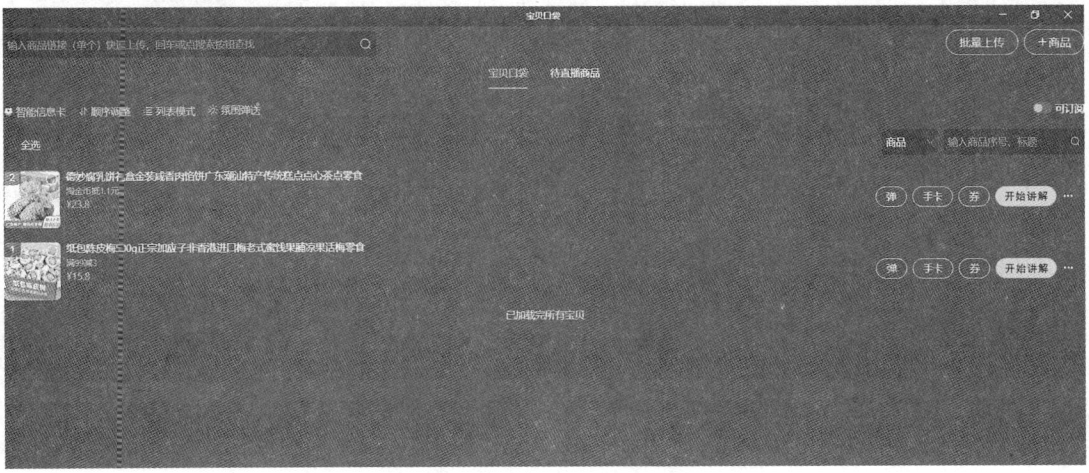

图 6.2.3　上架商品并推送至宝贝口袋

②在“互动中心”中设置直播间福利，如图 6.2.4 所示。

图 6.2.4　设置直播间福利

③所有商品讲解完毕，结束直播，点击数据详情，查看数据，如图 6.2.5 所示。

图 6.2.5　查看直播数据

6. 直播复盘方案

直播结束后，观看直播并查阅、记录相关数据，分析直播复盘内容，整理复盘要点，完成表 6.2.4。

表 6.2.4　直播复盘计划表

内容	要点	问题	改进计划
流程复盘			
产品复盘			
主播表现			
流量复盘			

实训评价：同学们完成实训操作后，提交直播方案，教师根据提交成果，以及在直播过程中的表现，按表 6.2.5 中的内容进行打分。

表 6.2.5　实训评价

序号	评分内容	总分	教师打分	教师点评
1	是否能策划直播方案，设计直播脚本	25		
2	是否合理搭建直播间	5		
3	是否能完成直播预热海报的设计	5		
4	是否在淘宝平台发布直播预告	5		
5	是否顺利开展直播	30		
6	是否能完成复盘工作	30		

总分：____________

实训 2　零食直播

实训背景： 松草铺子是一家以休闲食品加工，集线下、互联网商务经营模式、新零售为一体的综合服务型企业。新年将至，该公司决定开展一次“年货节”直播活动，并于 2022 年 12 月 11 日 20：00 至 22：00 在淘宝直播平台进行首次直播。本次直播是首次进行零食类直播，不仅商品质量要好，价格也要实惠，主要为直播间进行引流从而吸引并刺激消费。李丽及其团队成员需要通过市场数据分析，从坚果炒货、果干蜜饯、膨化饼干、肉食卤味、糕点点心等类目中的 15 款商品中选择 6 款本次要直播的商品，其中需包含两款本次直播指定的商品，策划并实施一场完整的直播。

本次直播指定的两款商品介绍见二维码。

直播商品介绍

实训描述： 本次实训要求同学们根据直播主题和产品，规划商品结构，策划直播方案并设计直播脚本，搭建直播场景，设计直播预热素材，发布直播预告，利用淘宝直播平台开展一场直播带货活动，并制订直播复盘方案。

实训步骤： 回顾前面课程所学知识并按照以下的步骤进行实训：

1. 甄选直播商品，规划商品结构

根据主题活动甄选直播商品，并通过表格的方式列出直播间商品的组合策略，制订直播价格，规划上架顺序，完成表 6.2.6。

表 6.2.6　规划直播产品

序号	商品组合	商品名称	规格	直播价	上架顺序	库存	有无赠品
1	引流款						
2							
3	福利款						
4							
5	利润款						
6							
7	爆款						
8							

2. 策划直播方案，设计直播脚本

根据直播主题，设计直播商品福利活动，产品讲解话术，明确人员分工，完成表 6.2.7。

表 6.2.7　整场直播脚本

直播活动概述	
直播主题	
主播助播	
直播目标	
福利活动	
直播时间	
注意事项	

续表

直播流程						
时间段	流程规划	目的	产品讲解	人员分工		
				主播工作	助理工作	场控 / 客服
19 ：00—19 ：05	开场预热	吸引人气				

3. 搭建直播场景

根据直播主题、营销活动以及提供的素材，设计并搭建呼应活动场景的直播间，如图 6.2.6 所示。

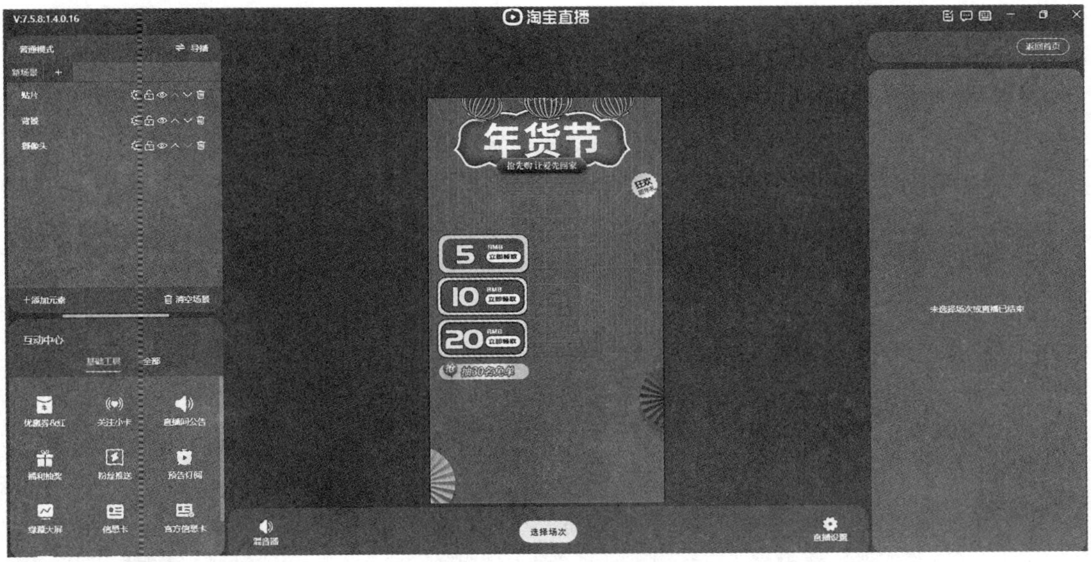

图 6.2.6　搭建直播间场景

4. 设计直播预热素材，发布直播预告

①根据素材设计直播预热方案，选择合适的渠道和时间进行预热，完成表格 6.2.8。

表 6.2.8　做好直播预热

预告发布形式	预告渠道	预告发布时间

②点击“选择场次”创建直播间，设置直播标题、频道栏目、直播地点、直播封面和直播内容简介，然后点击“创建直播”按钮，如图 6.2.7 所示。

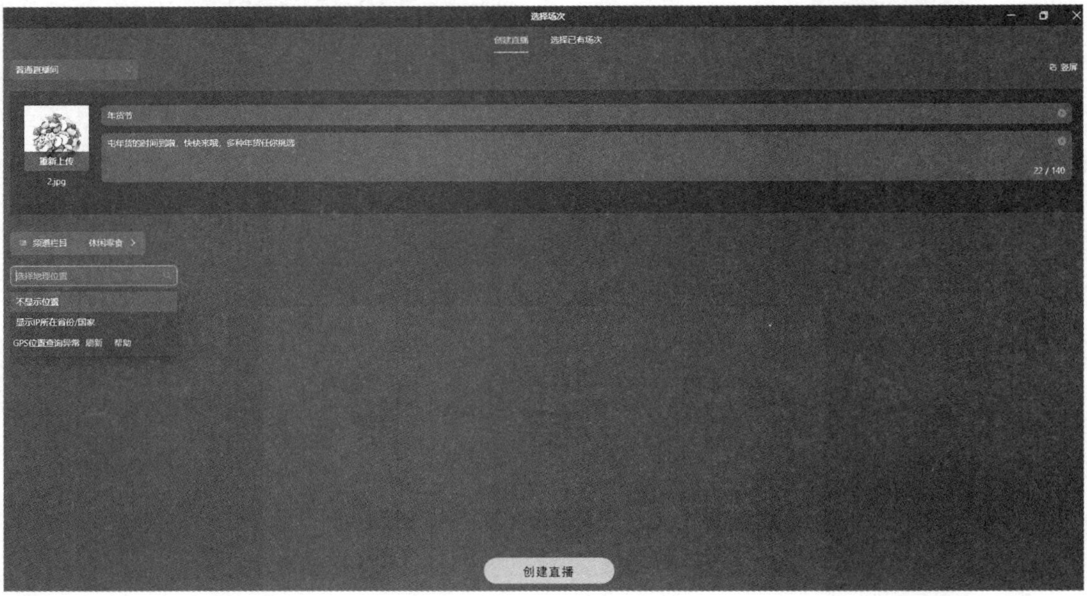

图 6.2.7　创建直播

5. 利用淘宝直播平台进行直播

①选择“商品上架”完成上架商品，将商品推送至宝贝口袋，并进行商品讲解，如图 6.2.8 所示。

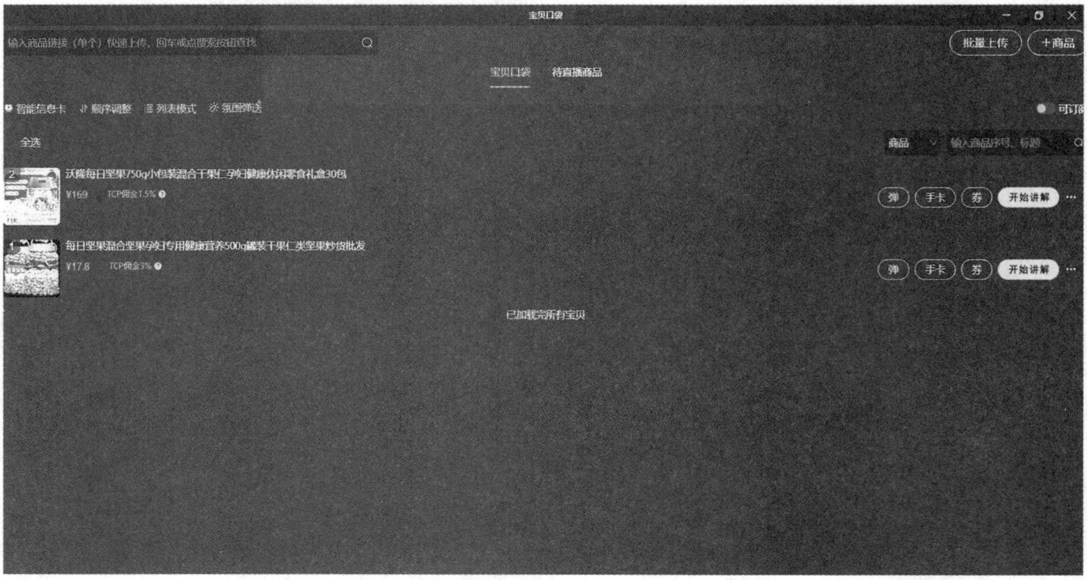

图 6.2.8　上架直播商品推送至宝贝口袋

②在“互动中心”中设置直播间福利，如图 6.2.9 所示。

③所有商品讲解完毕，结束直播。

图 6.2.9　设置直播福利

6. 直播复盘

分析直播要复盘的内容，整理复盘要点，完成表 6.2.9。

表 6.2.9　直播复盘计划表

内容	要点	结果展示	问题	改进计划
流程复盘				
产品复盘				
流量复盘				

实训评价：同学们完成实训操作后，提交直播方案，教师根据提交成果，以及在直播过程中的表现，按表 6.2.10 中的内容进行打分。

表 6.2.10　实训评价

序号	评分内容	总分	教师打分	教师点评
1	是否能策划直播方案，设计直播脚本	25		
2	是否合理搭建直播间	5		
3	是否能完成直播预热海报的设计	5		
4	是否在淘宝平台发布直播预告	5		
5	是否顺利开展直播	30		
6	是否能完成复盘工作	30		

总分：____________

实训 3　美妆产品直播

实训背景：某国货护肤品品牌，专注科学成分护肤，坚持真材实料添加，为广大爱美人士提供“好成分，加足量，亲民价格”的护肤精华产品。品牌当前拥有神经酰胺屏障修护系列、脱羧肌肽虾青素系列、富勒烯系列、传明酸美白系列等。为了迎接“圣诞美妆节”的到来，计划在 12 月 24 日晚上 20：00—22：00 在淘宝直播平台进行圣诞美妆节直播专场。本场直播是一场宠粉直播，要求商品价格要实惠而且产品质量要上乘。李丽及其团队成员要通过市场数据分析，从精华、乳液、面膜、洁面、美容工具等 15 款商品中选择 6 款本次直播的商品，其中需包含两款本次直播指定的商品，策划并实施一场完整的直播。

直播商品介绍

本次直播指定的两款商品介绍见二维码。

实训描述：本次实训要求同学们根据直播主题和产品，规划商品结构，策划直播方案并设计直播脚本，搭建直播场景，设计直播预热素材，发布直播预告，利用淘宝直播平台开展一场直播带货活动，并制订直播复盘方案。

实训步骤：回顾前面课程所学知识并按照以下的步骤进行实训：

1. 甄选直播商品，规划商品结构

根据主题活动甄选直播商品，并通过表格的方式列出直播间商品的组合策略，制订直播价格，规划上架顺序，完成表 6.2.11。

表 6.2.11　规划直播产品

序号	商品组合	商品名称	规格	直播价	上架顺序	库存	有无赠品
1	引流款						
2							
3	福利款						
4							

续表

序号	商品组合	商品名称	规格	直播价	上架顺序	库存	有无赠品
5	利润款						
6							
7	爆款						
8							

2. 策划直播方案，设计直播脚本

根据直播主题，设计直播商品福利活动，产品讲解话术，明确人员分工，完成表 6.2.12。

表 6.2.12 整场直播脚本

<table>
<tr><th colspan="7">直播活动概述</th></tr>
<tr><td>直播主题</td><td colspan="6"></td></tr>
<tr><td>主播助播</td><td colspan="6"></td></tr>
<tr><td>直播目标</td><td colspan="6"></td></tr>
<tr><td>福利活动</td><td colspan="6"></td></tr>
<tr><td>直播时间</td><td colspan="6"></td></tr>
<tr><td>注意事项</td><td colspan="6"></td></tr>
<tr><th colspan="7">直播流程</th></tr>
<tr><td rowspan="2">时间段</td><td rowspan="2">流程规划</td><td rowspan="2">目的</td><td rowspan="2">产品讲解</td><td colspan="3">人员分工</td></tr>
<tr><td>主播工作</td><td>助理工作</td><td>场控 / 客服</td></tr>
<tr><td>19：00—19：05</td><td>开场预热</td><td>吸引人气</td><td></td><td></td><td></td><td></td></tr>
<tr><td></td><td></td><td></td><td></td><td></td><td></td><td></td></tr>
<tr><td></td><td></td><td></td><td></td><td></td><td></td><td></td></tr>
<tr><td></td><td></td><td></td><td></td><td></td><td></td><td></td></tr>
<tr><td></td><td></td><td></td><td></td><td></td><td></td><td></td></tr>
<tr><td></td><td></td><td></td><td></td><td></td><td></td><td></td></tr>
<tr><td></td><td></td><td></td><td></td><td></td><td></td><td></td></tr>
<tr><td></td><td></td><td></td><td></td><td></td><td></td><td></td></tr>
<tr><td></td><td></td><td></td><td></td><td></td><td></td><td></td></tr>
</table>

3. 搭建直播场景

根据直播主题、营销活动以及提供的素材，设计并搭建呼应活动场景的直播间，如图 6.2.10 所示。

图 6.2.10　搭建直播场景

4. 设计直播预热素材，发布直播预告

①根据素材设计直播预热方案，选择合适的渠道和时间进行预热，完成表格 6.2.13。

表 6.2.13　做好直播预热

预告发布形式	预告渠道	预告发布时间

②发布直播预告除了需要设置直播标题、直播时间、频道栏目和直播地点之外，还需要添加封面和直播内容简介，如图 6.2.11 所示。

5. 利用淘宝直播平台进行直播

①选择“商品上架”完成上架商品，并将商品推送至宝贝口袋，进行商品讲解，如图 6.2.12 所示。

②在“互动中心”中设置直播间福利。

③所有商品讲解完毕，结束直播。

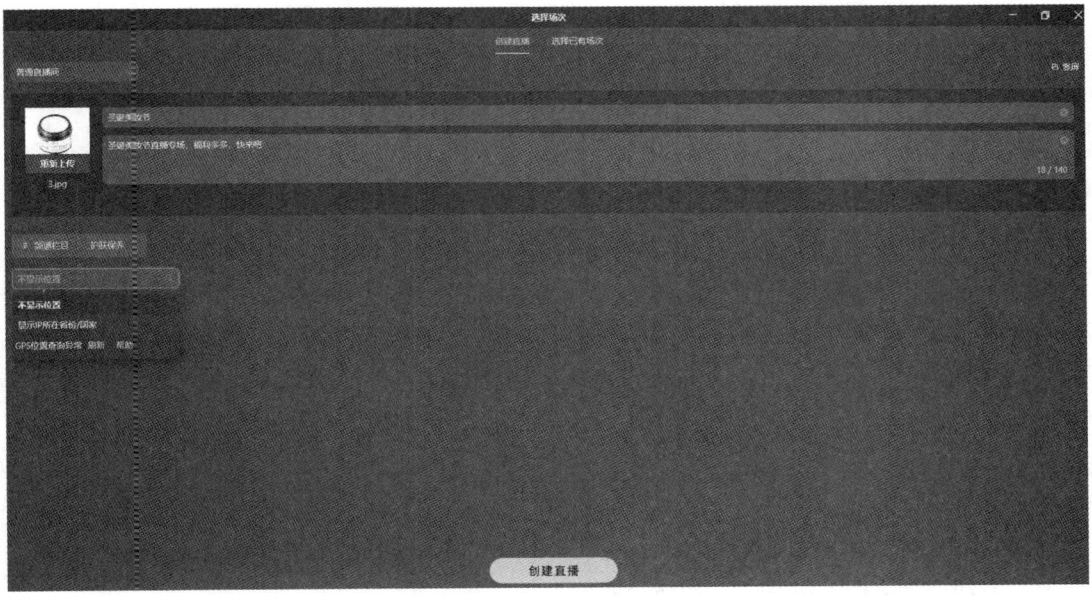

图 6.2.11　创建直播

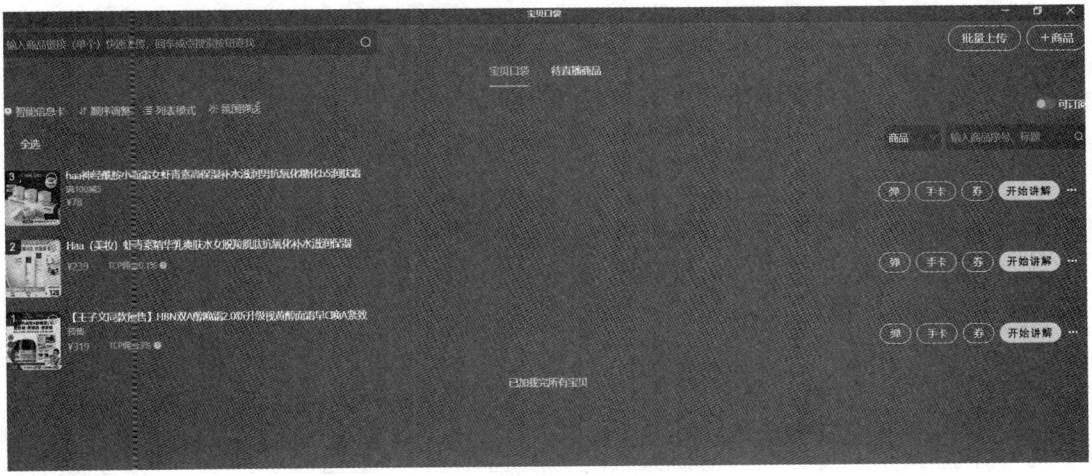

图 6.2.12　上架直播商品至宝贝口袋

6. 直播复盘

分析直播要复盘的内容，整理复盘要点，完成表 6.2.14。

表 6.2.14　直播复盘计划表

内容	要点	结果展示	问题	改进计划
流程复盘				

续表

内容	要点	结果展示	问题	改进计划
产品复盘				
流量复盘				

实训评价：同学们完成实训操作后，提交直播方案，教师根据提交成果，以及在直播过程中的表现，按表 6.2.15 中的内容进行打分。

表 6.2.15　实训评价

序号	评分内容	总分	教师打分	教师点评
1	是否能策划直播方案，设计直播脚本	25		
2	是否合理搭建直播间	5		
3	是否能完成直播预热海报的设计	5		
4	是否在淘宝平台发布直播预告	5		
5	是否顺利开展直播	30		
6	是否能完成复盘工作	30		

总分：____________

实训 4　生活用品直播

实训背景：“丽丽生活馆”是一家线上老字号网店，主要销售纸品家清类目，店铺质量上乘，性价比高。为了迎接“年底家清节”活动的到来，计划在本周六晚上 19：00—21：00 在淘宝直播平台进行一场家清节首播。本场直播是一场引流宠粉直播，不仅价格要实惠，还要保证产品的质量。李丽及其团队成员要通过市场数据分析，从抽纸、湿巾、卷纸、手帕纸、厨房纸等 15 款商品中选择 6 款本次要直播的商品，其中需包含两款本次直播指定的商品，策划并实施一场完整的直播。

直播商品介绍

本次直播指定的两款商品介绍见二维码。

实训描述：本次实训要求同学们根据直播主题和产品，规划商品结构，策划直播方案并设计直播脚本，搭建直播场景，设计直播预热素材，发布直播预告，利用淘宝直播平台开展一场直播带货活动，并制订直播复盘方案。

实训步骤：回顾前面课程所学知识并按照以下的步骤进行实训：

1. 甄选直播商品，规划商品结构

根据主题活动甄选直播商品，并通过表格的方式列出直播间商品的组合策略，制订直播价格，规划上架顺序，完成表 6.2.16。

表 6.2.16　规划直播产品

序号	商品组合	商品名称	规格	直播价	上架顺序	库存	有无赠品
1	引流款						
2							
3	福利款						
4							
5	利润款						
6							
7	爆款						
8							

2. 策划直播方案，设计直播脚本

根据直播主题，设计直播商品福利活动，产品讲解话术，明确人员分工，完成表 6.2.17。

表 6.2.17　整场直播脚本

直播活动概述	
直播主题	
主播助播	
直播目标	
福利活动	
直播时间	
注意事项	

续表

直播流程						
时间段	流程规划	目的	产品讲解	人员分工		
				主播工作	助理工作	场控 / 客服
19 ：00—19 ：05	开场预热	吸引人气				

3. 搭建直播场景

根据直播主题、营销活动以及提供的素材，设计并搭建呼应活动场景的直播间，如图 6.2.13 所示。

图 6.2.13　搭建直播间场景

4. 设计直播预热素材，发布直播预告

①根据素材设计直播预热方案，选择合适的渠道和时间进行预热，完成表 6.2.18。

表 6.2.18　做好直播预热

预告发布形式	预告渠道	预告发布时间

②发布直播预告除了需要设置直播标题、直播时间、频道栏目和直播地点之外，还需要添加封面和直播内容简介，如图 6.2.14 所示。

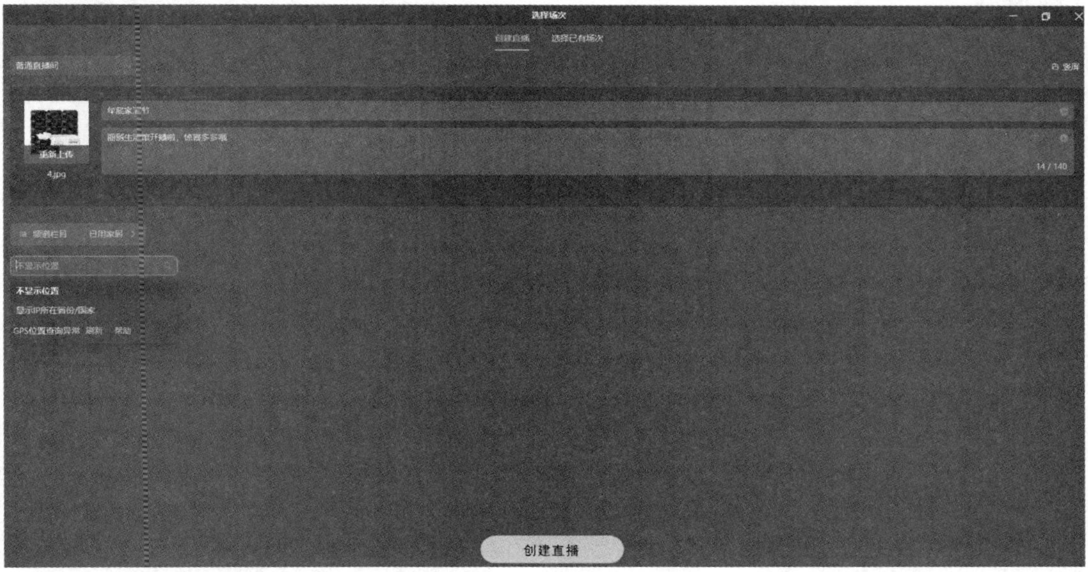

图 6.2.14　创建直播

5. 利用淘宝直播平台进行直播

①选择“商品上架”完成上架商品，并将商品推送至宝贝口袋，进行商品讲解，如图 6.2.15 所示。

图 6.2.15　完成商品讲解

②选择“互动中心”中的优惠券，设置直播间满 100 减 50 优惠券，如图 6.2.16 所示。

③所有商品讲解完毕，结束直播。

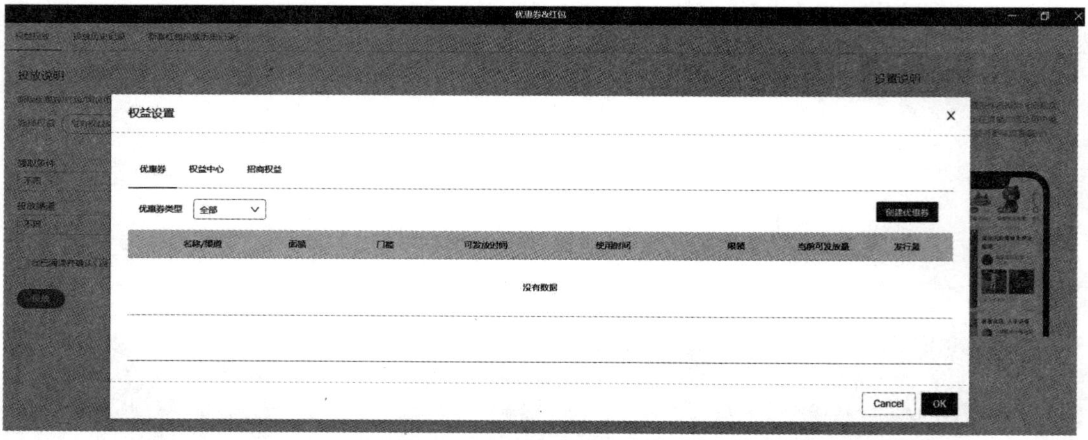

图 6.2.16　设置直播间福利

6. 直播复盘

分析直播要复盘的内容，整理复盘要点，完成表 6.2.19。

表 6.2.19　直播复盘计划表

内容	要点	结果展示	问题	改进计划
流程复盘				
产品复盘				
流量复盘				

实训评价： 同学们完成实训操作后，提交直播方案，教师根据提交成果，以及在直播过程中的表现，按表 6.2.20 中的内容进行打分。

表 6.2.20　实训评价

序号	评分内容	总分	教师打分	教师点评
1	是否能策划直播方案，设计直播脚本	25		
2	是否合理搭建直播间	5		
3	是否能完成直播预热海报的设计	5		
4	是否在淘宝平台发布直播预告	5		
5	是否顺利开展直播	30		
6	是否能完成复盘工作	30		

总分：＿＿＿＿＿＿

项目小结

本项目从直播实训出发，通过搭建直播场景，入驻主流平台，带领同学们完成不同类目的直播实训。在直播前，要先搭建好直播间，同时开通淘宝直播功能，能够熟练操作直播平台，为了保证直播取得更好的效果，要熟悉各类目产品的卖点。主播展现出专业的知识，能够提升直播间的转化，进而取得良好的效果。

项目检测

1. 单项选择题（每题只有一个正确答案，请将正确答案填在括号后）

（1）轮廓光放在主播身后的位置，形成逆光效果，也称为（　　）。

A. 环境光　B. 背景光　C. 逆光　D. 顶光

（2）直播间的（　　）直接决定了用户的第一印象，以及用户停留的时长。

A. 背景　B. 贴片　C. 产品　D. 优惠

（3）斜上光指光源从主播头顶左右两侧（　　）的斜上方打下的光。

A.30°　B.45°　C. 60°　D. 135°

（4）以商家身份为淘宝店铺开通直播发布权就是（　　）。

A. 天猫直播　B. 全球购买手直播　C. 达人直播　D. 店铺直播

（5）脸庞太瘦或颧骨太高的主播不适用（　　）。

A. 伦勃朗布光法　B. 蝴蝶光瘦脸法

C. 三灯布光法　D. 双灯布光法

2. 多项选择题（每题有两个或两个以上的正确答案，请将正确答案填在括号后）

（1）常见的室内场地有（　　）。

A. 办公室　B. 果园　C. 工作室　D. 线下门店

（2）常见的布光方法有（　　）。

A. 三灯布光法　B. 双灯布光法　C. 伦勃朗布光法　D. 蝴蝶光瘦脸法

（3）淘宝直播主要有（　　）。

A. 达人直播　B. 店铺直播　C. 海外直播　D. 天猫直播

（4）直播间常用的灯光包括（　　）。

A. 主光　B. 辅助光　C. 背景光　D. 轮廓光

（5）室内直播场地基本要求有（　　）。

A. 天气状况　B. 光线充足　C. 环境安静　D. 空间适宜

3. 直播实训

选择一款品牌家电，熟悉并掌握其功能特点、使用方法、使用亮点、使用场景等，在淘宝直播平台上进行一场直播营销活动。

参考文献

[1] 冷玉芳，张学青 . 直播电商教程 [M]. 北京：高等教育出版社，2022.

[2] 黎军，周丽梅 . 直播电商基础与实务 [M]. 北京：人民邮电出版社，2022.

[3] 徐骏骅，陈郁青，宋文正 . 直播营销与运营 [M]. 北京：人民邮电出版社，2021.

[4] 黄守峰，黄兰，张瀛 . 直播电商实战 [M]. 北京：人民邮电出版社，2022.

[5] 邹益民，马千里 . 直播营销与运营 [M]. 北京：人民邮电出版社，2022.

[6] 刘东风，王红梅 . 直播销售与直播素养 [M]. 北京：人民邮电出版社，2022.

[7] 徐骏骅，陈郁青，宋文正 . 直播营销与运营 [M]. 北京：人民邮电出版社，2021.

[8] 邱枫 . 直播营销与推广 [M]. 北京：电子工业出版社，2022.